KB194556

만 원의 기적

만 원의 기적

지은이 홍준수
펴낸이 임상진
펴낸곳 (주)넥서스

초판 1쇄 인쇄 2017년 6월 20일
초판 1쇄 발행 2017년 6월 25일

출판신고 1992년 4월 3일 제311-2002-2호
10880 경기도 파주시 지목로 5 (신촌동)
Tel (02)330-5500 Fax (02)330-5555

ISBN 979-11-6165-038-8 03230

www.nexusbook.com
넥서스CROSS는 넥서스의 기독 브랜드입니다.

감동과 위로, 희망과 부흥을 전하는

만원의 기적

홍준수 지음

넥서스CROSS

삶의 한 모퉁이에서 시작되는 새로운 역사

지금 한국교회는 중대한 기로에 있습니다. 많은 담론에도 불구하고 미래는 지극히 불확실하기만 합니다. 어디서도 내일을 약속하는 빛은 보이지 않습니다. 그런 의미에서 증가교회의 헌신은 주목할 만합니다. 14년에 걸친 교회와 백 목사님의 리더십이 돋보이는 책입니다.

만백성건축선교단은 말보다 행동으로 섬김을 실천했습니다. 이런 섬김이 대형교회가 아닌 중형교회에서 일어나 더 자랑스럽습니다. 이 헌신으로 작은 교회들과 목회자들의 부활이 일어나고 있다는 것. 이것은 결코 작지 않은 한국교회 부활의 날갯짓입니다. 이 부활의 징후가 한국교회 전체를 살리는 바람이 되었으면 합니다.

역사의 신기원은 언제나 삶의 한 모퉁이에서 은근하게 시작됩니다. 누군가의 작지만 의미 있는 헌신이 많은 이에게 감동을 줄 때 그것은 새 생명의 놀라운 물결을 만들 수도 있습니다. 작은 달란트를 가진 이들의 헌신이 모여 교회를 세워나가는 이 사례가 한국교회 내일을 열게 될 것을 믿으며 기쁨으로 추천합니다.

_이동원 목사(지구촌교회 원로, 지구촌 미니스트리 네트워크 대표)

마치 기적을 보는 것만 같다

교회를 화려하게 지을 필요는 없지만 보이는 교회가 무너졌거나 옹색하면 신앙생활이 위축될 수 있다. 그런데 작은 교회는 허물어진 곳을 보수하거나 재건하는 일을 꿈도 꾸지 못 하고 발만 동동거리는 경우가 많다. 이런 곳을 증가교회 만백성건축선교단이 느헤미야와 같은 심정을 가지고 찾아가 이렇게 귀한 사역을 감당하고 있었다. 교회를 분립 개척하거나, 작은 교회 목회자들의 생활이나 교육을 돕거나, 오래된 교회를 재활성화하는 사역들에 대해서는 많이 들었는데, 이렇게 신자들이 조직적으로 참여하여 자신들의 재능을 가지고 작은 교회를 섬기고 있는 아름다운 이야기는 잘 알려지지 않았다. 작은 것을 가지고 큰일을 이루는 이런 사역은 하나님이 일하시는 방법이어서, 마치 기적을 보는 것만 같다.

매년 일 년에 두 차례씩 지난 14년 동안 30개의 교회를 섬긴 자취를 여기에 자세히 기록하여 다른 교회에서도 바로 활용할 수 있게 해주어 더욱 감사하다. 여기에 헌신하신 분들은 현대의 스룹바벨과 느헤미야 같은 분들이다.

역시 하나님의 일은 섬기는 분들이 제일 먼저 가장 큰 은혜를 받는다. 그렇기 때문에 지금까지도 섬겨왔고, 앞으로도 계속할 것이다. 백운주 담임목사님은 나와 신학교 동기로 학창시절부터 남다르게 헌신하는 본을 보여주었는데, 그의 바람대로 이 책 『만 원의 기적』이 다른 교회에도 이러한 사역을 불러일으키는 계기가 되었으면 좋겠다. 하나님은 우리에게 시간, 물질, 재능을 주셨는데, 모두 유효기간이 있다. 쓸 수 있을 때 하나님과 영원을 위해 투자하는 것만이 남는 것이다. 당장 내가 목회하는 교회에서부터 이 사역을 본받아 시작해야겠다. 성도들은 하나님의 일을 할 때 힘이 나고 모든 것을 기꺼이 헌신하고자 한다. 여기 소개된 생생한 이야기는 읽는 것만으로도 가슴이 뛴다. 이 책을 읽고 식어진 가슴에 다시 불이 붙었다. 모든 동역자와 성도들이 반드시 읽어야 할 책이다.

_한기채 목사(중앙성결교회 담임)

희망의 강물이 흐르는 곳마다

사람은 사람과 더불어 살아야 합니다. 하나님이 태초에 사람을 만드실 때 그렇게 만드셨습니다. 이 책『만 원의 기적』은 사람과 사람이 만나서 빚어내는 희망의 강물입니다.

"시골교회에서 목회하려니 참 외로웠습니다. 이번에 무엇인가가 고쳐지고 새로워진 것도 정말 좋았지만, 사실 저는 사람들이 저희 교회 마당에 북적대는 것이 더 좋았습니다. 뭔가 생기가 돌고 활기가 넘치는 교회, 이게 계속됐으면 좋겠다 싶더군요."

"만백성은 저와 제 목회에 큰 힘이 되었습니다. 사실 '큰 힘'이라는 말로는 부족합니다. 부지중에 천사를 만난 기분이라고 할까요? 가장 어려울 때, 앞이 보이지 않는 난관에 부딪혔을 때 한 줄기 빛을 본 것이죠."

증가교회의 '만백성건축선교단'를 통해서 희망을 찾은 교회의 이야기가 가득했습니다. 고맙습니다, 참 고맙습니다! 세상에 고맙다는 인사가 많지만, 목사로서 아니 한 사람의 그리스도인으로서 마음 깊은 데서 우러나오는 감사의 인사를 전합니다! 여러분의 수고와 헌신을 통하여 그리스도의 몸인 교회의 품위와 자존감이 이어집니다!

많은 교회가 증가교회의 귀한 사역을 본받았으면 좋겠습니다. 제가 목회하는 교회도 이 멋지고 가슴 벅찬 사역을 잘 배워서 우리 상황에 맞도록 적용하겠습니다. 존경하는 백운주 목사님과 귀한 장로님과 성도 여러분 모두를 축복합니다. 만백성의 사역을 통해 희망의 강물이 흐르는 곳마다 교회 공동체가 살아날 것을 믿습니다.

_지형은 목사(성락성결교회 담임)

끊임없이 세워지는
하나님의 교회들

6년 전 증가교회의 담임목사로 부임하여 교회의 여러 사역을 보고받을 때, 제 마음에 큰 기쁨과 감동을 주며 희망을 품게 한 사역이 있었습니다. 그것이 바로 만백성건축선교단의 사역이었습니다. '만' 원을 헌금하는 '백' 명의 헌신으로 작은 교회 '성'전을 아름답게 리모델링하는 사역을 10여 년 간 20여 차례 해오고 있다는 것입니다. 그것도 목회자나 당회가 주도한 것이 아니라 몇몇 평신도가 자발적으로 시작하여 이제는 교회의 중요한 사역으로 자리매김을 했다는 것이지요.

특히 새로 부임한 담임목사로서 크게 감동받았던 것은, 이 사역을 시작한 분들이나 지금도 기쁨으로 이 사역을 감당하는 분들의 하나님 사랑하는 마음과 교회를 사랑하는 마음이었습니다. 이 만백성 사역은 건축업에 종사하는 교인들이 한 주간 본인의 생업을 접고, 선정된 작은 교회에 가서 본인의 재능으로 하나님의 교회를 아름답고 새롭게 고치고 세우는 사역입니다. 더욱 감동스러웠던 것은 제가 부임할 당시 증가교회는 참으로 힘든 시기를 보내고 있었는데, 교회적으로 위기 상황에 처해 있었음에도 불구하고 이 사역은 중단되지 않았다는 점입니다. 그것도 억지로가 아니라 기쁨과 감사함으로 지속되었습니다.

지난 6년간 열두 번의 사역을 응원하며 지켜봤습니다. 그리고 감동했습니다. 평신도의 자발적인 사역이라는 것이 첫 번째 감동이요, 온 성도가 지속적으로 후원하여 지금까지 서른 번의 사역을 중단 없이 해왔다는 것이 두 번째 감동이요, 사역의 전면에서 재능기부로 섬기는 분들이 한 주간의 수입을 포기하면서도 기쁨으로 섬기는 것이 세 번째 감동이요, 섬기는 교회에 작은 부담도 주지 않으려고 식사까지 준비해 섬기는 권사님들의 후원과 그 기간 동안 기도로 후원하는 중보기도자들의 땀과 눈물 또한 말로 다 할 수 없는 감동이었습니다.

이러한 감동은 사역 현장에서 더 큰 감동으로 이어집니다. 섬김을 받는 교회의 목회자와 성도들의 반응입니다. 깨끗하고 아늑한 분위기에서 예배 드리고 싶은 마음이야 누군들 없겠습니까? 그러나 형편상 그렇게 할 수 없음이 늘 마음에 걸렸고, 이는 모두의 간절한 기도제목이 되었을 것입니다. 만백성건축선교단의 사역이 시작되면 섬김을 받는 교회 목회자가 좋아서 어쩔 줄 몰라 하는 모습은 그 자체로 사역자들의 마음에 큰 감동이 되어 귀한 선물로 주어졌습니다.

사역지의 목회자가 교회 성도에게 만백성건축선교단의 사역을 광고하더라도 현실감이 없어 어쩌면 피상적인 기대와 의례적인 감사의 마음을 가졌을 것이라 생각됩니다. 그러나 만백성 사역자들은 알고 있지요. 한 주간의 사역이 끝난 후 다음 주일에 교인들이 보게 될 교회의 새로운 모습을, 그리고 그들이 마음 깊은 곳에서 하나님을 찬양하며 감사의 찬송을 올려 드릴 것을, 그래서 우리 하나님이 영광을 받으실 것을 말입니다.

만백성건축선교단의 사역은 누구보다 목회자에게 큰 힘과 위로를 줍니다. 외롭고 힘들었던 목회 현장에서 '아, 내가 혼자가 아니었구나'를 깨닫게 됩니다. 또 목회자와 더불어 목회자 가정이 힘을 얻고, 섬김을 받는 교회의 교인들이 힘을 얻고 새롭게 헌신하는 모습을 보게 됩니다. 정말 신바람 나는 사역이요 간증이 아닐 수 없습니다.

증가교회에 이러한 복된 사역을 허락하신 주님께 감사드리고, 사역에 헌신하는 만백성건축선교단의 단장 및 실무팀장 이하 모든 사역자에게 감사를 드립니다. 기도로 헌금으로 음식으로 후원하고 직접 찾아가서 간식으로 후원하는 모든 성도에게도 감사를 드립니다. 이러한 사역이 중단 없이 계속되기를 소망하고 또 소망하며, 기도하고 또 기도합니다. 모든 영광 주님께 돌립니다.

증가교회의 이 작은 사역으로 인해 독자 여러분에게 하나님의 사랑이 조금이나마 전달되면 더 말할 나위 없는 기쁨이 되겠습니다.

찬미 예수!

백운주(증가교회 담임목사)

위로와 희망의 날갯짓

처음 만백성건축선교단 이야기를 들었을 때 떠오른 사람이 느헤미야다. 어렵고 혼란스러운 때, 그 시절의 유대를 이끈 세 명의 탁월한 지도자(스룹바벨, 에스라, 느헤미야) 중 한 사람으로, 헌신과 희생, 자기부인과 포기로 예루살렘 성벽 중수의 길을 묵묵히 걸어간 사람 말이다.

페르시아의 고레스 왕은 바벨론의 실패를 교훈삼아 이민족(異民族) 우대 정책을 폈고, 그 일환으로 유대 민족도 귀환하게 된다. 그래서 나라가 망한 지 50년 만에 여호야긴 왕의 손자 스룹바벨이 백성들을 이끌고 1차 포로귀환을 한다. 약 5만 명, 정확히는 4만 9,897명의 사람이 돌아왔다. 그로부터 80여 년의 시간이 흐른 뒤 2차 포로귀환이 이루어진다. 이때의 지도자는 에스라였고, 1,800여 명의 사람이 그와 함께 돌아왔다. 또 14년 후 느헤미야가 유대 땅으로 귀환하는데, 이때는 얼마나 많은 사람이 돌아왔는지 기록이 없다.

당시 느헤미야는 페르시아 왕의 술 관원이었다. 왕에게 술을 바치는 관원은 왕의 최측근으로서 신임이 두터워야 했고, 또 때에 따라 국정을 논하기도 했다. 오늘날 청와대 비서관 정도에 해당되지 않을까? 이민족 출신 느헤미야가 대제국 페르시아의 고위직에 올랐다는 것은 그의 능력이 상당히 뛰어났음을 보여준다. 판단력이 좋고 처신이 분명하며 다방면에 두루 밝은 사람이었을 것이다.

그런 느헤미야에게 어느 날 형제들 가운데 하나인 하나니가 두어 사람과 함께 와서, 멀리 고향 땅 예루살렘의 소식을 전해주었다. 성이 폐허가 되고 남은 자들이 비참하게 생활한다는 얘기였다(느 1:3).

느헤미야는 이 말을 듣고 앉아서 울었다. 수일 동안 슬퍼하며 하늘의 하나님 앞에 금식하며 기도했다.

> 이제 종이 주의 종들인 이스라엘 자손을 위하여 주야로 기도하오며 우리 이스라엘 자손이 주께 범죄한 죄들을 자복하오니 주는 귀를 기울이시며 눈을 여시사 종의 기도를 들으시옵소서 … 주여 구하오니 귀를 기울이사 종의 기도와 주의 이름을 경외하기를 기뻐하는 종들의 기도를 들으시고 오늘 종이 형통하여 이 사람들 앞에서 은혜를 입게 하옵소서
>
> _느헤미야 1:6,11

그는 이 비참한 현실의 원인을 알았다. 이스라엘 백성이 모세를 통하여 주어진 계명과 율례와 규례를 지키지 않았기 때문이다. 그래서 그는 문제의 해결책을 구하기 전에 하나님 앞에 눈물로 회개하고 자복한다. 용서하시고 불쌍히 여겨 달라고 말이다.

"오늘 종이 형통하여 … 은혜를 입게 하옵소서." 이 말에서 느헤미야의 결단이 보인다. 형통은 뜻한 바가 순적하게 풀리는 것이다. 그가 뜻한 바가 무엇인가? 유대 땅으로 가는 것이다. 대제국의 심장부 화려한 궁실에서 초라한 변방, 그것도 문제가 많고 편치 않은 곳으로 말이다. 이 일에 하나님

의 은혜를 구하고 있다.

이 기도를 들으신 하나님, 이후 모든 일에 형통의 복을 더하셨다. 왕과의 순적한 대화로 일정 기간 말미(휴가?)를 얻었으며, 성벽 중수에 필요한 모든 물자와 호위 군사들까지 지원받게 된다.

유대로 온 느헤미야는 우선 예루살렘의 무너진 성벽을 순시하는 일부터 시작한다. 비록 안팎의 대적들이 훼방을 놓았으나 모든 작업을 성공리에 마쳤다. 공사가 끝난 후에도 느헤미야는 제사장 에스라와 함께 유대 민족을 개혁하고 하나님 앞에 바로 세우는 일을 계속 추진한다. 눈에 보이는 폐허를 복구하는 것도 중요하지만, 눈에 보이지 않는 신앙의 폐허를 복구하는 것이 더 중요함을 알았기 때문이다. 영적 부흥이야말로 다시는 이런 일을 겪지 않을 길임을 알았던 것이다.

느헤미야와 그의 사역이 만백성건축선교단과 많이 닮았다.

첫째, 느헤미야는 하나님이 그의 이름을 두려고 택하신 곳(느 1:9), 곧 거룩한 성전이 있는 예루살렘 성을 사모하며 눈물로 기도하고 왕께 탄원한 사람이다. 이후의 대역사는 이 사모함으로부터 비롯된 결과다. 만백성건축선교단 또한 그러했다. 하나님의 전이 녹이 슬고 무너져가는데 가진 힘이 미약하여 바라만 보는 교회, 그 작은 교회들의 아픔을 위로하고 희망을 전하는 일에 하나씩 둘씩 자원한 이들의 모임이기 때문이다. 이들의 성전 사모함이 지난 14년 동안 서른 번의 사역을 이끌어냈다.

둘째, 느헤미야는 평신도였다. 스룹바벨이나 에스라가 제사장이었던 것과는 달리, 느헤미야는 평신도로서 이 일에 헌신한 사람이다. 만백성건축선교단 또한 그 시작부터 지금까지 평신도가 주축이 되어 움직인다. 교회에서 해보라고 권면한 것도, 교역자를 파송하여 지휘 감독한 것도 아니다. 그저 성전을 아름답게 꾸미는 일에 헌신한 평신도들이 뜻을 모으고 일꾼을 꾸려 작업을 진행하고 있다.

셋째, 느헤미야는 사명을 위해 자기 생업을 잠시 내려놓았다. 그는 페르시아 왕의 술 맡은 관원장이다. 공직자인 그가 왕의 윤허로 얼마간의 말미를 얻었다. "네가 몇 날에 다녀올 길이며 어느 때에 돌아오겠느냐 … 내가 기한을 정하고"(느 2:6). 자기 일이 분명 있었지만, 하나님의 일을 위해 잠시 내려놓았던 것이다. 만백성 사역자들도 자기 생업이 있다. 지켜야 할 가정이 있다. 건축 관련 일에 종사하는 이들이 월요일부터 토요일까지 어느 한 주를 온전히 비운다는 것은 큰 손실이다. 지금에야 한 주간 작업으로 정착되었지만, 초창기 몇 년은 두 주간이 기본이었다. 자기를 비우고 하늘의 사명을 채운 이들의 믿음이 느헤미야에 못지않은 대목이다.

넷째, 이전의 총독들이 자신의 몫을 집요하게 챙겼던 것과는 달리, 느헤미야는 무보수로 봉사하였다(느 5:14). 뿐만 아니라 공사에 동원된 일꾼들을 자비로 먹이며 일했다(느 5:17-18). 만백성 사역자들 또한 무보수로 각자의 재능을 기부한다. 그러기에 적은 자재비만으로 큰 일이 가능하다. 교회가 지원하는 자재비의 세 배 가량의 공사를 해내니 말이다. 더욱이 만백성건축선교단은 별도의 취사부를 대동하여 먹는 것 하나라도 작은 교회에 부담을 주지 않으려 애쓴다. 때론 마을회관에서 한 주간 내내 동네잔치를 하고 돌아오기도 한다. 피파송교회가 너무 죄송스러워한단다.

다섯째, 느헤미야는 혼자가 아니었다. 왕이 그를 전폭적으로 지원하는 가운데 물자와 호위 군사까지 얻었다. 만백성 사역자들 또한 혼자가 아니다. 교회는 그들을 기도와 물질과 몸으로 돕는다. 만백성건축선교단을 위해 매월 만 원씩 헌금하는 성도들, 사역이 시작되면 꼭 찾아가 영적으로 육적으로 배부르게 하는 담임목사, 힘쓰는 일이 필요한 날 다 함께 내려가 노력봉사로 돕는 부목사들, 거저 받았으니 거저 주라는 말씀 따라 열 일 제쳐놓고 달려와 땀 흘리고 돌아가는 이전 피파송교회 목회자들이 그들이다.

여섯째, 느헤미야의 사역과 만백성의 사역은 영적 부흥의 열매를 낳았다는 점에서 닮아 있다. 눈에 보이는 성벽의 복구보다 눈에 보이지 않는 신앙적 폐허를 복구하려 했던 느헤미야, 그래서 그는 마지막 순간까지 에스라를 도와 영적 부흥을 일으킨다. 만백성건축선교단 또한 그러하다. 이들의 사역도 단순히 눈에 보이는 무엇인가를 고쳐주고 오는 것으로 끝나지 않는다. 그곳 목회자와 성도들의 낮아진 자존감을 세우고 높여, 그것이 신앙의 부흥과 더 나아가 교회의 부흥으로 이어지는 모습을 보기 때문이다.

'아, 하나님이 살아 계시는구나!'

'나와 우리 교회를 그냥 내버려두신 것이 아니셨구나!'

'목회, 다시 해보자!'

필자가 가는 곳마다 이 고백은 쉴 새 없이 반복되었다.

생각해보니 느헤미야의 뜻이 "여호와께서 위로하신다"이다. 지치고 낙심한 이스라엘 백성을 위로하고 격려하여 큰일을 도모한 느헤미야처럼, 증가교회 만백성건축선교단의 사역 또한 작은 교회를 향한 위로와 희망의 날갯짓이라 확신한다.

차례

|추천사| · 004

|발간사| 끊임없이 세워지는 하나님의 교회들 · 007

|프롤로그| 위로와 희망의 날갯짓 · 010

제1부 그 거룩한 사역

#01 봉고차 안에서 • 021

#02 혼자 할 수는 없어요 • 024

#03 만백성이 바라보는 곳 • 028

#04 만백성의 사역 순서도 • 031

🎤 마감감사예배 설교문 | 기회 있는 대로 _백운주 담임목사 · 043

제2부 서른 개의 기적

#01 없던 선교단까지 만들게 하셨다 _지촌교회(1차 사역지) • 048

#02 따뜻한 말 한 마디 _파평교회(2차 사역지) • 052

#03 만백성의 진짜 힘 _누동교회(3차 사역지) • 057

#04 교인들이 친해졌어요 _사랑의교회(4차 사역지) • 063

🎤 간증 | 얼치기 같은 공사를 통해 역사하시는 은혜 _이대섭 원로장로 • 067

#05 확연히 다르더군요 _행복한교회(5차 사역지) • 068

#06 빠른 성장 _탄현증가교회(6차 사역지) • 071

#07 하나님의 전보 _일산한우리교회(7차 사역지) • 078

#08 작은 섬김이었으나 _원당서광교회(8차 사역지)와 양무리교회(9차 사역지) • 084

#09 이제는 우리 차례 _고양교회(10차 사역지) • 087

#10 유아실의 위력 _창천교회(11차 사역지) • 091

#11 이가 없으면 잇몸으로 _행신중앙교회(12차), 장암예향교회(14차),

예수비전교회(17차), 고양 예향교회(18차), 부평시민교회(21차) • 096

#12 우리가 노가다냐 _동산교회(13차 사역지) • 103

#13 좁은 길 _로뎀나무교회(15차 사역지) • 109

↳ 신문기사 | 만백성건축선교단, 로뎀나무교회 공사마감 예배 • 114

#14 종합사역의 결정판 _방축도소망교회(16차 사역지) • 116

↳ 신문기사 | 만백성건축선교단, 방축도소망교회 무료로 수리 • 124

#15 웃기만 잘해도 목회가 된다 _새로운 실무팀장 신동민 집사 • 126

↳ 간증 | 오병이어의 기적을 다시 보여주신 하나님 _노경섭 장로 • 131

↳ 신문기사 | 하평수 만백성건축선교단장, 15번째 사역 중 쓰러져 병원 신세 • 132

#16 헌신을 배웠어요 _문정교회(19차 사역지) • 134

#17 그해 겨울은 따뜻했네 _새창조교회(20차 사역지) • 139

↳ 신문기사 | 증가교회 만백성건축선교단 20번째 섬김, 새창조교회 • 144

#18 또 주셨다 _힘찬교회(22차 사역지) • 146

↳ **사역지에서** | 작은 자에게 보내신 하나님의 사랑 _임태석 목사, 힘찬교회 • 155

#19 아픔을 넘어 _성령교회(23차 사역지) • 157

#20 네가 아파봐야 _양촌비전교회(24차 사역지) • 163

#21 한국교회, 희망 있다 _덕촌교회(25차 사역지) • 168

#22 하나님은 잊지 않으셨다 _소서교회(26차 사역지) • 173

#23 부흥의 여세를 몰아 _행복한교회(27차 사역지) • 180

#24 예언적 과거 _대화제일교회(28차 사역지) • 185

#25 우선순위 _우리임마누엘교회(29차 사역지) • 192

↳ **사역지에서** | 하나님의 섭리 안에서 _이승재 목사, 우리임마누엘교회 • 197

#26 저는 아이들이 좋습니다 _청라우리교회(30차 사역지) • 199

|에필로그| 감동이 흐르게 하라 • 206

부록 • 211
1 만백성 조직과 역대 사역자
2 만백성 사역 일지
3 만백성 후원자들

제1부

그 거룩한 사역

거룩은 구별된 삶이다. 하나님의 은총으로 구원을 경험한 그리스도인은 이 세상 사람들과는 다른 가치관으로 산다. 내게 주신 옥합, 그것이 시간이든 물질이든 재능이든 그 진정한 소유주는 하나님임을 고백하며 깨뜨리는 삶, 곧 남들이 걷지 않는 길을 기쁨으로 걸어가는 삶을 산다.

거룩은 또 헌신된 삶이다. 이는 구별된 삶의 다른 면으로, 동전의 양면처럼 떼려야 뗄 수 없다. 헌신하지 않고서야 구별된 삶을 살 수 없을 것이며, 혹 산다 하여도 오래 가지 못한다. 하늘에서 공급되는 영원한 동력을 공급받지 못 하고 모양만 흉내 내는 삶은 금방 시들해지기 마련인 것이다.

그런 의미에서 만백성건축선교단의 사역은 거룩하다. 누가 시킨 것도 아니다. 교회에서 목회자가 하라고 한 것도 아니다. 그저 작은 교회의 어려운 형편을 마음에 담고 있던 평신도들이 자신의 옥합을 깨뜨리며 시작한 작은 몸짓에 불과했다. 그리고 이 몸짓이 지금껏 계속되고 있다는 점에서도 거룩하다. 한 번은 잘할 수 있고, 두 번은 그렇게 할 수 있지만, 서른 번에 이르도록 이 행보를 지속할 수 있다는 것은 헌신 이외의 다른 말로 설명할 수 없기 때문이다.

이런 헌신된 삶은 감동을 동반한다. 자신을 드려 하나님을 감동시키니, 작은 교회 목회자와 성도들이 감동하고 지역 주민이 감동한다. 달라진 예배당과 사택을 보며 기뻐하고 눈물 흘리는 모습을 보면서 참여한 사역자들 자신이 감동에 휩싸인다. 그간의 수고와 집에 두고 온 가족, 내려놓은 생업에 대한 걱정이 씻은 듯 사라지는 순간이다.

봉고차 안에서

30여 년을 칠장이로 살아온 김정시 권사와 같은 업종에 종사하는 박병기 장로는 2003년 여름, 뜻을 같이하여 페인트와 붓 등 장비를 챙겨 경상도 상주에 있는 작은 교회(후천교회)를 섬겼다. 자신들이 가진 재능과 약간의 물질만으로도 하나님이 기뻐하시는 일에 동참할 수 있겠구나 생각한 것이다.

그해 가을 증가교회 평신도위원회(남전도회와 여전도회를 아우르는 기관) 위원장과 위원들, 그리고 선교위원장 등 아홉 명이 주변의 작은 교회 열 곳을 순회하며 유류비를 지원하고 돌아오던 봉고차 안이었다.

"이렇게 약간의 선교비를 지원하는 것도 좋지만, 그들이 당장 필요로 하는 것을 채워주는 것이 어떻겠습니까? 우리가 지금 눈으로 보았듯이,

저렇게 열악한 환경에서 힘겹게 교회를 지켜나가는 목회자들을 좀더 실질적으로 돕는 방법을 강구하는 것이 어떨까요? 지난번 김정시 권사님과 박병기 장로님이 좋은 일을 하고 오셨다는데, 우리가 힘을 합해 그런 일을 해보면 좋을 것 같습니다."

봉고차 안, 하나님은 이 작고 비좁은 공간에 임재하셨다. 이대섭 장로, 박병기 장로, 김정시 권사, 유은숙 권사, 김희자 권사, 임 순 권사, 채규창 집사, 김영래 집사, 황강호 집사, 이 아홉 명의 마음에 여호와의 영을 부으셨고, 그들은 이내 그 주신 감동에 순종하면서 한 달에 1만 원의 헌금을 별도로 드리기로 작정했다.

당시 선교위원장이었던 이대섭 장로는 이러한 내용을 당회에 보고하고 추인을 받아, 증가교회 전체 평신도가 참여하는 사역으로 조직을 갖추어갔다. 우선 이 선교단의 이름을 만백성건축선교단이라 칭했다. '만' 원을 헌금하는 '백' 명의 헌신으로 '성'전을 아름답게 꾸민다는 취지에서, 그 첫 글자를 따 '만백성'이라 한 것이다. (선교단의 목표가 백 명이었는데 초창기에 130여 명, 현재는 230여 명이 참여한다.)

아무리 뜻이 좋아도 이 일을 주도해 갈 사람이 없었다면 그 효과가 미미했을 것인데, 하나님은 적임자 한 사람을 이미 준비해 놓고 계셨다. 하평수 집사다. 지금은 고인이 되었지만, 당시 그는 50대 초반으로 인테리어와 건축을 포괄하는 종합건축업에 종사하고 있었고, 무엇보다 이 분야에 관한 경험과 열정 그리고 선교적 마인드까지 뒷받침되어 있었으니, 더할 나위없는 사람이었다. (그의 아내는 당시 증가교회의 전도사로 재직 중이었다.)

이 하평수 집사를 이대섭 장로가 적극 섭외하여 만백성건축선교단 실무팀장의 일을 맡도록 하면서 선교단의 행보는 한층 탄력을 받게 되었다. 이어 임종현 장로를 단장으로, 김영래 집사를 총무로 임명하여 초창기 선교단의 핵심 사역자들이 꾸려졌다.

#02

혼자 할 수는 없어요

교회란 무엇인가? 이에 대한 가장 보편적인 정의는 '세상으로부터 불러냄을 받은 사람들의 무리'다. 그 가운데서도 키워드는 '무리'다. 여러 사람이 모여 한 마음으로 부르심에 합당한 삶을 살기 위해 애쓰는 공동체라는 의미가 담겨 있다.

그런 측면에서 교회 일은 함께 해야 한다. 내가 다할 수 있고, 내가 하면 더 잘할 수도 있겠지만, 함께 모여 의논하고 그렇게 결정한 바를 믿음으로 추진하는 것이 교회요, 조금 못 하는 사람들을 격려하고 마음이 안 맞는 사람들이 혹 걸림돌이 된다 하여도 기다려주고 인내하는 것이 교회이기 때문이다.

건축선교 분야의 준비된 일꾼이었던 하평수 집사, 그는 만백성건축선교단의 중책을 맡은 후 한 해 한 해 사역을 진행하면서 '자신과 함께' 기쁨으로 봉사할 일꾼들을 체계화시켰다. 작은 교회를 건축으로 돕는 일은 한꺼번에 우르르 몰려가 할 수 없기에, 그간의 경험을 바탕으로 목공부장, 설비부장, 조공부장, 전기부장 등을 세워 팀별로 사역을 진행했다. (그 외 기도부장, 취사부장, 간판부장, 공구부장 등의 특별한 업무도 조직하여 활용했다.) 무엇보다 참여하는 모든 사역자에게 분명한 업무 내용을 부여함으로써 소속감과 책임감으로 일할 수 있도록 이끌었다.

다음은 초창기 만백성건축선교단에 참여한 이들의 명단이다. 어떤 일이든 초기 개척자의 희생과 헌신은 필수적이다. 그들의 눈물과 땀을 기억하는 차원에서 소개한다.

- 고문: 이대섭 이건수 박병기 장로
- 자문: 박재근 김천일 변순철 노경섭 유도현 장로
- 단장: 임종현 장로
- 실무팀장: 하평수 집사
- 총무: 김영래 집사 김순심 권사
- 협동총무: 구정균 장로 홍창표 권사 허태한 집사
- 서기: 추양지 집사

- 설비부장: 임정식 집사
- 도료부장: 박병기 장로(부원 서복임 권사 정덕자 권사)
- 전기부장: 박종구 집사
- 공구관리부장: 정병춘 집사

· 미장부장: 이건수 장로

· 목공1부장: 심규배 집사

· 목공2부장: 김재석 집사(아현성결교회)

· 기와부장: 신재수 권사

· 간판부장: 채재호 집사

· 도배1부장: 이남숙 집사

· 도배2부장: 권오근 집사(아현성결교회)

· 에어콘설치부장: 차병열 집사(파주한울순복음교회)

· 십자철탑부장: 윤용식 집사(금곡장로교회)

· 교회가설재지원부장: 박진권 집사

· 타일부장: 이영수 집사(성사장로교회)

· 조립패널부장: 박성광 성도

· 기도팀장: 유은숙 권사(부원 정옥순 권사)

· 인력지원1팀장: 채규창 집사

· 인력지원2팀장: 차영찬 집사

· 예수영화선교팀장: 이상민 집사(의정부순복음교회)

· 취사1부장: 김희자 권사

· 취사2부장: 신춘옥 권사

· 취사3부장: 이지현 권사

· 취사4부장: 김혜순 권사

· 음향부장: 황광호 집사

· 차량운송부장: 최윤환 집사

이들 가운데 타 교회 성도가 눈에 띈다. 2004년 창단 첫해는 증가교회 성도들 중심으로 사역했지만, 다음해 2005년부터는 점차 이 일에 동참하는 타 교회 성도들이 늘어가는 모습을 보여준다. 돕는 이를 붙여주시는 하나님!

#03
만백성이
바라보는 곳

한 사람의 핵심 실무책임자와 그를
돕는 수많은 사람, 그러나 사람만 있다고 일이 되지는 않는다. 그 사람들
을 묶어낼 정신(spirit)이 필요하다. 힘들 때 마음을 다잡고, 문제가 생겼
을 때 원칙적인 검토가 이루어지며, 무엇보다 이 사역의 연속성을 가능
케 해줄 정신 말이다.

초창기 기록에 따르면, 만백성건축선교단은 자신들의 정신을 이렇게
밝히고 있다.

▒ 목적
작은 교회 낙후된 건물(성전 및 사택 등)의 증개축을 위해 건축 관련 평신도

전문인들이 팀을 구성하여 자원봉사로 섬긴다.

원칙

- 첫째, 자원봉사자는 파송교회인 중가교회와 피파송교회에 누를 끼칠 수 있는 언행 일체를 자제한다.
- 둘째, 모든 면에서 피파송교회의 입장을 최우선에 둔다.
- 셋째, 죽도록 충성한다.

소망

- 첫째, 만백성건축선교단의 사역이 교단과 한국교회 전체로 확산되기를 소망한다.
- 둘째, 통일 후 무너진 북한교회 재건(보수)을 소망한다.
- 셋째, 세계의 낙후된 교회 재건(보수)을 소망한다.

소망 가운데 두 번째는 매우 독특한 관점이다. 하평수 집사의 얘기를 직접 들어보자.

"통일은 하나님께서 우리나라에게 곧 선물로 주실 것이라 생각합니다. 통일이 되면 처음에는 상당 기간 혼란이 계속될 것인데, 이 초기 혼란을 빨리 극복하기 위해서는 북한 지역의 예배당이 속히 재건되어 하루라도 빨리 예배가 회복되는 것이 중요하다고 생각합니다. 그렇게 하려면 신축보다는 현재의 건물을 보수하여 사용하는 방법이 최선 아니겠습니까?"

한국교회가 통일 후 북한에 교회를 새로 짓는 쪽으로 가닥을 잡고 있는데 이는 엄청난 통일비용을 감당해야 하는 상황에서 여러모로 어렵 겠다고 여겼다. 그래서 그는 리노베이션(증개축)에 승부를 걸어야 한 다고 생각했다. 북한의 가정집 거실, 마을회관, 마을 공동창고, 폐허가 된 중소공장, 여러 공산당 교육장 등을 일차 보수하여 교회로 세우고, 이들 교회가 부흥하는 것을 보면서 신축한다는 것이다. 그는 이것을 '징검다리 성전공사법'이라고 부른다. 개천을 건널 때 제대로 된 다리를 놓는 것보다 기존에 있는 돌들을 활용하여 징검다리를 놓는 것이 더 빠 르고 간편하다는 뜻에서 붙인 이름이다.

> "저희 만백성건축선교단은 바로 이 대목에 쓰임을 받았으면 좋겠습니다. 단순히 작은 교회를 섬기는 것이 끝이 아니라 통일한국으로 그 지평을 넓 혀가기를 소망합니다. 그렇게 되기 위해서는 지금부터 하나하나 우리의 역 량을 키워가며 기도에 매진해야 하겠지요."

비전만큼 살고 기도만큼 이룬다는 말이 있다. 비전을 가지고 기도의 불을 때면 그것이 그 삶의 추동력이 된다는 말이요, 또 하나님께서 그런 비전과 기도의 사람이 바라보는 것을 이루어주시지 않겠느냐는 말 아니 겠는가?

뚝딱뚝딱 무엇을 고치고 만드는 작은 일을 하나님의 비전으로 승화시 키니 사명이 되었다. 그 사명이 세월을 이끌어 14년, 30차의 열매를 보 게 하였다.

만백성의
사역 순서도

아래의 내용은 처음부터 지금까지 만백성건축선교단의 자리를 지킨 김영래 집사(현 단장)와 현재 실무팀장으로 봉사하는 신동민 집사와의 인터뷰, 그리고 필자의 취재를 종합하여 구성한 것이다.

사역지 결정

처음에는 개인적으로 알고 있는 교회나 지방회의 추천을 받아 사역지를 결정했지만, 점차 언론을 통해 이 사역이 알려지면서 전국에서 신청서가 접수되기 시작했다. 증가교회 선교위원회는 이 신청서를 면밀히 검토해 그 우선순위를 결정한다. 선교단의 사역 목적에 맞는지, 규모는 적당한지 등을 살펴 2-3개 교회로 압축하고, 이어 이들 교회를 직접 방문하여 현장을 살피고 담임목회자와의 상담을 거쳐 최종적으로 한 교회를 선정한다. 그리고 마지막으로 당회 보고 후 승인을 받으면 사역이 시작된다.

"저희 교회는 삼수생입니다."

제28차 사역지였던 우리임마누엘교회 이승재 목사의 말이다. 세 번째 도전에서 선정되었다는 뜻이다.

여러 교회 중 오직 한 곳만 선정해야 하는 증가교회의 입장도 쉽지는 않다. 단장 김영래 집사는 그 어려움을 이렇게 술회한다.

"교회들마다 너무 간절한 사연으로 신청하니 늘 안타까운 마음뿐입니다. 낡고 비가 새는 예배당, 추위와 싸우며 예배를 드리는 성도, 쥐나 뱀과 동거 아닌 동거를 해야 하는 목회자, 그렇게 힘들게 신앙생활하는 저들의 형편을 살피고 오면 기도가 절로 나왔습니다. 하나님, 이번엔 어디로 가야 하느냐고요. 그런데 지나고 보면 하나님께서는 매번 가장 적절한 교회를 선정해주셨습니다."

사역지 선정과 관련하여 고민스러운 부분이 있었다. 상가 임대교회 문제다. 전세든 월세든 자기 교회가 아닌 곳에 가서 사역하는 것이 과연 얼마나 효과가 있을 것인가? 계약이 만료되어 또 다른 상가로 이전할 수도 있고 아니면 부흥하여 예배당을 짓고 나갈 수도 있는데, 현실적으로 밑 빠진 독에 물 붓는 격 아닌가?

이 점이 염려스러워 2006년까지는 임대교회를 제외했다. 그들도 각기 어려움이 있겠지만, 성도들의 귀한 헌금을 좀더 효율적으로 사용하는 것이 좋겠다는 판단에서였다. 그러나 사역이 계속되면서 이런 원칙을 수정할 수밖에 없었다. 작은 교회 가운데 자기 건물을 가진 교회가 얼마나 있겠는가? 또 건물을 비워줘야 할지 모른다고 해서 그들을 배제시킨다면, 그들은 언제 부흥을 경험할 것인가? 이는 작은 교회를 돕는다는 만백성건축선교단의 취지에도 어긋나는 것이 아닌가?

이런 마음들이 모아져, 이후로는 자가교회와 임대교회를 구분하지 않았다.

사전 준비

정해진 기간 안에 모든 작업을 마쳐야 하기에 사전 준비는 매우 중요하다. 단장과 실무팀장을 중심으로 몇몇 사역자가 선정된 교회를 방문해 필요한 자재와 공사 범위, 그리고 전체 공정을 세밀하게 확인한다. 각 자재를 미리 재단까지 해가야 하기에 치수 확인은 필수!

선정된 교회도 할 일이 있다. 사역팀이 도착하자마자 바로 일을 시작할 수 있도록 성구와 집기를 밖으로 옮기고, 깨끗이 청소를 해놓아야 한다. 사역에 동참할 성도들을 준비해 놓았다면 금상첨화!

파송 사역

🎗 사역 기간과 연중 횟수

초창기에는 두 주를 기본으로 했다. 게다가 이를 연중 네 차례 정도 실시했으니, 여간 부담스러운 것이 아니었다. 1년에 8주 동안 생업을 내려놓을 수 있는 사역자를 쉽게 구할 수 있겠는가?

실무팀장 하평수 집사의 소망은 간절했다. 두 주간을 전적으로 헌신할 수 있는 정예단원 10명을 갖추기 위해 만백성 책자를 발간하는 등, 홍보에 열심을 냈다.

> "제가 지금껏 만백성 사역을 해보니, 이 사역을 감당하는 가장 좋은 방법은 사역 첫날부터 끝날 때까지 생업을 중단하고 봉사에 전념하는 것입니다. 세상적인 눈으로는 그것이 손해요, 마이너스지만, 하나님께서 넘치도록 채워주실 것입니다. 이런 믿음의 단원 10명이 필요합니다."

사람이 자꾸 바뀌면 연속성이 떨어진다. 또 시간을 갖고 충분히 작업해야 하는데 서둘러 끝내려는 일꾼에게서 만족할 만한 성과를 기대하기는 어렵다. 하평수 집사의 위의 말은 현장 경험에서 나온 절절한 읍소다.

그러나 현실은 현실인 법! 사역의 기간과 횟수가 점차 줄어 현재는 1회 1주간, 연중 2회로 정착되었다. 정해진 한도 내에서 예산과 기간을 가늠하는 안목이 생긴 것이다. 월요일부터 금요일까지 모든 공사를 마치고, 토요일에는 마감감사예배를 드리는 것으로 모든 사역을 완료한다.

🕊️ 사역 내용

간단하게 사택 보일러를 교체해준 교회부터 예배당 전체 공간을 수리해준 교회까지 사역의 폭이 다양하다. 보통 방수공사, 전기공사, 페인트칠, 각종 내부 칸막이 공사(목회자실, 유아실, 식당, 출입문), 창틀공사, 단열과 방음공사, 도배와 장판, 종탑공사, 성전 벽면 목공공사, 강단공사, 간판공사 등이다.

건축 일만 하는 것은 아니다. 교회를 알리고 전도를 한다. 지역주민들을 대상으로 발마사지 봉사, 이미용 봉사, 영정사진 봉사를 한다. 매번 그렇게 하는 것은 아니었지만, 기회가 주어지는 대로 최선의 섬김을 베풀어왔다.

🕊️ 동원 인원

2012년 11월, 제20차로 진행한 새창조교회 사역 보고서를 보면, 모두 72명의 사역자가 동원되었다. 단순 방문객 16명을 제외하더라도 56명의 일꾼이 참여했다.

그렇다고 하여 이 56명이 매일 동원된 것은 아니다. 단계별로 오고간 사람들 전체를 계수했다. 건축일은 한꺼번에 많은 전문가가 필요하지 않기 때문이다. 분야별 전문가 외에 노력 봉사자들도 포함되었다. 식사를 준비해준 사람, 짐을 나르고 청소해준 사람, 그리고 매번 격려차 방문하여 기도와 식사 제공으로 섬기는 담임목사, 1주일 중 하루는 파견근무(?)를 해야 하는 부목사들 또한 여기에 속한다.

특별 봉사자들도 있다. 이전 피파송교회 담임목회자나 성도다. 은혜를 입은 것에 감사하는 마음으로 먼 곳까지 달려와 어떤 일이든 돕는다. 섬교회까지 쫓아온 목회자도 있다. 오지 못 하면 식사비라도 보낸다. 또 매월 만백성건축선교단을 위해 선교비를 보내기도 한다.

"아직은 작은 교회여서 큰 것은 감당 못 하고요, 제가 가서 몸으로 봉사하는 일은 시간 나는 대로 참여하려 합니다."

힘찬교회 임태석 목사의 말이다. 이런 '감동 나누기'가 지금까지 만백성 사역의 물줄기를 마르지 않게 한 지류(支流) 가운데 하나가 아니었을까?

🕊 소요 예산

2013년 5월, 제21차 힘찬교회의 결산서를 살펴보자.

- 목공공사: 566,800원
- 창호공사: 3,500,000원
- 전기공사: 184,000원
- 샌드위치패널: 1,152,690원
- 설비 및 미장공사: 283,500원
- 페인트칠: 271,900원
- 식대: 300,000원
- 철파이프: 108,000원
- 폐기물처리: 160,000원
- 잡철: 737,450원
- 행정지원: 170,780원

여기에 유류비 등 기타 잡비를 포함하면 총 공사비용이 765만 5,120원이다. 이 가운데 교회가 지원한 예산이 650만 원이었으니, 나머지 모자라는 금액은 아마도 개인들의 헌신으로 채워졌을 것이다.

교회 지원금 650만 원은 얼른 '만백성'의 이름 뜻을 떠오르게 한다. 매월 만 원을 헌금하는 사람이 백 명이면 1년에 1,200만 원이 모아지고, 이를 한 해 두 번으로 나누면 각기 600만 원씩 후원할 수 있게 되기 때문이다.

그런데 사실 이 교회 지원금이 일정하지 않다. 이보다 훨씬 많은 곳도 적은 곳도 있다. 피파송교회의 형편에 따라, 또 헌금 액수에 따라 달라진다. 아주 많게는 2천만 원에 육박하는 경우도 있었다.

650만 원, 혹 1,000만 원, 혹 2,000만 원! 이 금액을 적게 느낄 수도 있겠다. 그런데 하나 감안해야 할 것이 있다. 인건비다. 만백성건축선교단의 모든 결산서에는 인건비가 빠져 있다. 재능기부, 무료봉사이기 때문이다. 만일 이 비용을 계산에 넣는다면 세 배를 곱해야 한단다. 그러니 사실은 1,950만 원, 3,000만 원, 6,000만 원 상당의 공사를 진행한 것이다.

그런데 이것으로도 충분치 않다. 시간과의 싸움이 빠져 있는 것이다. 사역자들은 월요일부터 금요일까지 '쉬지 않고' 일한다. 일하다 밥 먹고, 돌아서면 또 일한다. 어찌되었든 정한 기간 내에 끝내야 하기 때문이다. 마치 내 집, 내 교회 일을 하듯이 온갖 정성을 다 쏟는 이들을 보는 그곳 목회자와 성도들은 미안한 마음, 고마운 마음이 범벅된 감동에 휩싸인다.

"어찌나 열심히 일하시는지 미안한 생각이 들 정도였습니다. 우리 때문에 고생하시는 분들에게 담임목회자로서 뭐라도 대접해야 할 것 같은데, 식사는 교회에서 다 준비해오시니 할 수 없고, 그래서 아이스크림이라도 사다 드려야겠다고 생각하고 그렇게 했습니다. 좀 쉬시면서 드시라고 전해 주고 나왔는데, 나중에 가보니 다 녹아 버렸더라고요. 이거 하나 드실 시간을 못 내셨던 겁니다."

이 쉬지 않는 시간을 일반 건축업자들의 정상적인 시간으로 환산하면 공사기간은 더욱 늘어날 것이고, 이는 또 한 차례 인건비 상승 요인으로 작용한다. 결국 만백성건축선교단의 결산금액에 세 배를 곱하고, 추가로 몇 배 더 곱해야 실제 공사비용이 나온다는 점을 우리는 주목해야 한다.

숙식

사람이 모여서 일을 하니 밥 먹는 문제가 보통이 아니다. 한두 사람도 아니니 작은 교회 입장에서는 부담스러울 수도 있다. 그래서 만백성건축선교단은 처음부터 작은 교회에 부담 주지 않기로 원칙을 정했다.

선교단 내에 취사부를 별도로 두어 모든 식사를 해결한다. 가까운 거리는 아침 일찍 준비해 현장까지 배달한다. 도저히 그렇게 할 수 없는 거리는 선교단원들과 동행해 한 주간의 식사를 제공한다.

사역지가 지방일 때는 준비할 것이 많다. 온갖 식재료는 물론이고, 그것을 넣어둘 냉장고와 또 각종 조리기구까지 챙겨야 하기 때문이다. 한

해 두 해 사역이 계속되면서 봉사자도 많이 생겼고, 가서 어떤 음식을 어느 정도 해야 하는가에도 요령이 생겼다.

"밥해서 그냥 저희만 먹진 않아요. 그곳 목회자 가정은 물론이고, 경우에 따라서는 마을주민들, 특별히 독거노인들까지 섬깁니다. 그래서 쌀과 식재료를 항상 넉넉하게 준비하죠. 마지막 마감예배를 드리고 식사할 때는 있는 것 없는 것 다해서 많이 해놓고 옵니다. 우리가 떠난 다음날이 주일이 잖아요? 교회 식구들이 예배 후에 한 끼라도 더 풍성히 먹도록 말입니다."

식사봉사를 평생의 사명으로 여기며, 창단 때부터 지금까지 선교단을 섬겨온 김순심 권사의 말이 감동으로 남는다.

구슬땀을 흘리며 일하고 또 일하는 단원들에게 식사라도 대접하고 싶은 것이 피파송교회의 마음이건만, 그들에게 작은 부담 하나라도 주고 싶지 않아 섬세하게 사랑을 베푸는 만백성건축선교단! 이 사랑이 또 다른 사랑을 낳으리라 믿는다.

잠은 어디서 잘까? 상황에 따라 다르다. 가까운 거리라면 출퇴근을 하니 문제가 없지만, 지방일 경우는 교회에서 자기도 하고 마을회관에서 자기도 했다. 또 어느 성도가 자기 집을 내어주기도 하고, 교인은 아니지만 마음씨 좋은 주민이 자기 집을 개방해 씻고 자는 문제를 해결해 주기도 했다. 참 고마운 분들이다. 취재 시 이분들의 성함을 확인하지 못한 것이 아쉽지만, 하나님께서 하늘의 기름진 것으로 갚아주시기를 기도한다.

✿ 마감감사예배

모든 공사를 마치고, 토요일에는 마감감사예배를 드린다. 사역을 정리하면서 일꾼들을 격려하고, 사역 중에 아무 사고 없이 지켜주신 하나님께 감사와 영광을 돌리는 자리다. 이 자리에는 피파송교회 목회자와 성도들, 증가교회 담임목사와 부교역자들, 사역에 직접 참여한 일꾼들이 참석한다. 그리고 특별히 지방회 인사들이 초청되어 격려와 축하의 메시지를 전한다.

2012년 11월 24일 새창조교회에서 열린 마감감사예배를 잠시 들여다보자.

· 집례/ 윤유섭 목사(새창조교회 담임)

· 묵도/ 다함께
· 찬송/ 21장 – 다 찬양하여라/ 다함께
· 기도/ 임종현 장로(만백성건축선교단 1대 단장)
· 말씀봉독/ 갈라디아서 6:9-10/ 집례자
· 설교/ 기회 있는 대로/ 백운주 목사(증가교회 담임)
· 합심기도/ 다함께
· 헌금/ 증가교회 정미숙 권사 특송
· 사역보고/ 신동민 집사(만백성건축선교단 실무팀장)
· 축사/ 박희수 목사(서울중앙지방회장)
· 격려사/ 박명철 목사(전서울중앙지방회장)
· 찬송/ 314장 – 내 구주 예수를 더욱 사랑/ 다함께
· 축도/ 윤의광 목사(서울중앙지방회 북부감찰장)

담임 백운주 목사는 이날 설교에서 "만백성건축선교단은 예수님의 마음으로 작은 교회를 섬기려는 분들이다. 이분들이 자기 생업을 내려놓고 겸손하게 섬기는 모습을 볼 때마다 담임목사로서 얼마나 기쁜지 모른다"고 사역자들을 칭찬한 뒤, "이런 증가교회의 섬김과 사랑에 감동이 되셨다면, 여러분은 이제 갚아야 한다. 물론 우리 교회가 아니다. 증가교회와 새창조교회의 관계는 오늘 이 예배로 끝이다. 기억에서 지워도 좋다. 여러분은 증가교회의 사랑을 또 다른 누구에겐가 흘려보내야 한다. 그것이 주님의 뜻이고 기독교의 정신이며, 우리의 상급을 하늘에 쌓는 것이라 믿는다"라고 강조했다.

백운주 목사는 사역이 시작되면 매번 두 번씩 현장을 방문한다. 보통 수요일과 토요일이다. 수요일은 한창 공사에 여념이 없는 분들에게 식사를 대접하며 격려하기 위해서고, 토요일은 이 마감예배를 드리기 위해서다.

"전주 행복한교회에서 사역할 때 강대상 설치 공사가 늦어져 마감예배를 드리지 못할 상황이었습니다. 또 당시 목사님께서 수술 후 회복 중이셔서 아무래도 내려오지 못 하실 것 같았습니다. 그래서 저희들끼리 마무리 기도회를 하고 올라가려 했는데, 목사님이 기어이 오셨습니다. 몸도 추스르지 못한 상태에서 직접 기차를 타고 내려와 예배를 인도하시는 모습을 볼 때, 정말 울 뻔했습니다. 얼마나 감사했는지…."

실무팀장 신동민 집사의 말이다.

단원들이 어디에 있든 그곳을 꼭 찾아가 따뜻한 웃음으로 기도로 식사로 말씀으로 격려하는 담임목사, 설교 중에도 기회 있을 때마다 이들을 높여주고 세워주는 담임목사, 만백성건축선교단 단원들은 마감감사예배 때마다 이런 다짐을 할 것 같다.

'다음 사역 때도 꼭 참여해야지.'

'우리 목사님 환하게 웃도록 해드려야지.'

기회 있는 대로

_백운주 담임목사

감사합니다. 우리 증가교회에 만백성건축선교단의 사역을 허락하신 하나님께 감사드립니다. 증가교회를 담임하는 목사로서 만백성건축선교단의 사역은 하나님께서 저희 교회에 주신 아주 특별한 선물이라 확신합니다. 작은 교회의 건축 리모델링을 통해 교회를 세우고 후원하는 이 사역은 어느 교회나 쉽게 할 수 있는 사역이 아니기 때문입니다. 기술을 가진 건축 전문가들이 있어야 하고, 이들의 헌신이 있어야 하고, 온 교회의 후원이 있어야 하고, 그리고 하나님을 사랑하고 무엇보다 작은 교회를 세우고자 하는 교회 사랑이 있어야 하기 때문입니다.

감사합니다. 이번 한 주간도 생업을 내려놓고 이 교회에 와서 온 정성을 다해 섬겨주신 사랑하는 사역자 여러분에게 진심으로 감사드립니다. 정말 자랑스럽습니다. 정말 고맙습니다. 우리 주님 기뻐하시는 일에 전적으로 헌신하신 모든 분을 주님의 이름으로 축복합니다. 그리고 이 교회에 부담 주지 않으려고 한 주간의 식사를 준비하고 제공한 권사님들, 고맙습니다. 한 주간 기도로 후원한 중보자들 또한 감사합니다. 사역 현장을 방문하여 위로하고 격려한 선교국장 장로님을 비롯한 많은 위로자들, 진심으로 고맙습니다.

축하합니다. 이 교회를 섬기시는 목회자와 성도 여러분 모두에게 축하를 드립니다. 사실 자랑이 아니라 만백성건축선교단의 사역을 원하는 교회들이 이번에도 여러 교회가 있었습니다. 그러나 이렇게 선정되고 섬김을 받은 것은 특별하신 하나님의 은혜라고 생각됩니다. 축하드립니다. 아무쪼록 만백성 사역 이후에 더욱 더 부흥하고 성장하는 계기가 되시길 간절히 바라고 기도합니다.

만백성건축선교단 사역은 몇 가지 원칙이 있습니다. 먼저 1년에 봄 가을 두 번 사역합니다. 그리고 사역을 위해 교회를 선정하는 일부터 기도로 시작하여 하나님의 기쁘신 뜻을 받들기 위해 애씁니다. 또한 식사도 우리가 해결합니다. 이번에도 변함없이 이렇게 기쁨으로 주님의 인도하심 따라 사역하게 되었습니다. 모든 영광을 주님께 올려드립니다.

이러한 만백성건축선교단의 원칙은 성경에서 비롯되었다고 확신합니다. 본문 말씀은 이렇습니다.

우리가 선을 행하되 낙심하지 말지니 포기하지 아니하면 때가 이르매 거두리라 그러므로 우리는 기회 있는 대로 모든 이에게 착한 일을 하되 더욱 믿음의 가정들에게 할지니라 _갈라디아서 6:9-10

그렇습니다. 우리 믿음의 사람들이 선을 행하되 낙심하지 말아야 합니다. 때가 되면 추수할 때가 옵니다. 주님께 인정받고 상급을 받을 때가 반드시 옵니다. 우리 만백성건축선교단의 사역이 하나님을 기쁘시게 하는 사역이요, 우리의 사역이 결코 헛되지 않을 것입니다.

그리고 믿음의 식구들은 '기회 있는 대로' 모든 이에게 착한 일, 선한 일을 해야 하지만, 특별히 믿음의 가정들에게 하라는 말씀을 기억합니다. 우리 중가교회는 지역을 섬기고 지역 복음화와 세계 선교를 위해 많이 애쓰고 있습니다. 더욱이 믿음의 가정들에게, 믿음의 한 형제인 작은 교회를 섬기는 일에 열심을 다하고 있습니다. 우리 주님 기뻐하시는 일이라 확신합니다.

이제 이 교회는 사랑의 빚을 갚으십시오. 사랑의 빚을 갚아야 합니다. 오해하지 마십시오. 이 사랑의 빚을 증가교회에 되갚으라는 말이 결코 아닙니다. 증가교회에 사랑의 빚을 갚는다는 것은 결코 성경적이지도 않고, 주님을 기쁘시게 하는 일도 아닙니다. 오늘 마감감사예배를 끝으로 증가교회와 만백성건축선교단은 잊으십시오. 잊어야 합니다. 그러나 하나님의 사랑은 흘러가야 합니다. 증가교회로부터 사랑이 이곳으로 흘러왔다면 이제 이 사랑은 또 다른 곳으로 흘러가야 합니다. 이웃으로, 다른 교회로, 사랑을 필요로 하는 또 다른 사람에게로 말입니다. 그렇게 해야 하나님의 은혜와 사랑이 그리고 구원의 역사가 중단 없는 열매로 드러나리라 확신합니다.

감사합니다. 우리 모두 이 일을 이루신 하나님 아버지께 감사로 영광을 올리겠습니다. 그리고 수고하고 애쓰신 증가교회의 사역자들 모두를 위해 박수하겠습니다. 아울러 이 교회와 목회자의 회복과 부흥을 위해 감사로 축하의 박수를 하겠습니다. 감사합니다. 모든 영광 주님께 올려드립니다.

제2부

서른 개의 기적

없던 선교단까지
만들게 하셨다

지촌교회(1차 사역지)

——————————————————————— 2004년에 창단된 만백성건축선교
단이 그 첫걸음을 멀리 떨어진 원주로 내디뎠다. 지촌교회를 첫 사역지
로 선택한 이유가 무엇일까?

할 수 있는 건 기도뿐

2002년 9월 지촌교회에 부임한 노희중 목사, 당시 교회 형편이 좋지 않
아 증가교회에 선교비를 요청했고, 감사하게도 지원받게 되었다. 그러
던 어느 날 전화 한 통을 받았다.

"여기는 증가교회 만백성건축선교단입니다. 예배당이나 사택을 보수해드리려고 하는데, 혹 문제가 있는 곳이 있나요?"

갑자기 이게 무슨 일인가? 도시에서 목회하다 친구의 간절한 부탁에 못 이겨 내려왔는데, 막상 내려오니 이거 잘못 왔다 싶었다. 오래된 성전은 비가 새고, 사택은 그 동네에서 6.25 전쟁 전부터 있던 유일한 건물이었다. 지붕만 슬레이트로 바꾼 흙담집으로 단열이 안 돼 겨울에 아무리 연탄을 피워도 추위가 가시지 않는 집이었다.

아침, 마당에 나가면 뱀 두어 마리가 기어 다니고, 부엌에 가면 아궁이에 뱀이 똬리를 틀고 앉았으니, 사모는 이런 데서 살 수 없다고 날마다 울었다. 땅꾼에게 부탁하려 했으나 그가 원하는 만큼 수고비를 줄 형편이 안 됐다.

전반적으로 너무 낡은 예배당의 수리를 생각 안 한 것이 아니다. 그러나 연로하신 분들이 대부분인 20여 명의 성도는 재정을 감당하기 어려웠다. 그런 상황에서 노희중 목사가 할 수 있었던 것은

기.도.뿐.이.었.다.

그렇게 한참이나 하나님의 도우심을 구하고 있던 차에 전화를 받은 것이다. 예배당을 고쳐주겠다는 전화를.

사정은 이랬다. 당시 증가교회 선교위원장이었던 이대섭 장로가 퇴직 후 서울과 강원도를 오가며 토지를 일구었는데, 그 무렵 강원도 어느 목사님으로부터 지촌교회의 어려움을 듣게 되었다. 교회 와서 확인해보니 마침 증가교회가 선교비를 보내는 곳이 아닌가? 만백성건축선교단이 막 태동되는 무렵이기도 하여, 당회에 첫 사역지로 추천해 재가를 받

은 것이다.

하나님이 하시면 쉽고 빠르고 정확하다. 지촌교회 스스로는 아무것도 할 수 없었던 상황을 하나님이 몰아가셨다. 연이 닿게 하셨고, 사람의 마음을 감동시키셨고, 없던 선교단까지 만들게 하셨다.

너무 예쁜 예배당

2004년 5월 17일 만백성 사역이 시작되었다. 처음이기에 먼 곳을 마다하지 않고 기쁨과 조금은 흥분된 마음으로 많은 사역자가 동참했다.

우선 예배당에 비가 새는 것을 해결하고, 내벽에는 단열재/습기 제거제를 붙여 패널(panel)로 마감하여 보온과 방수 효과를 높였다. 이어 예배당 안팎을 흰색 페인트로 예쁘게 단장했다. 또 사택을 여기저기 손보는 가운데, 무엇보다 사택 전면에 바람막이를 설치해 추위를 이길 수 있게 했다. 이는 뱀이나 말벌들이 마당을 거쳐 집 안으로 들어오는 것을 일차적으로 막아주었다. 그리고 뱀들의 주요 서식지 돌담을 허물고 다시 쌓을 수는 없어서 그냥 구멍을 막아버렸다. 돌과 돌 사이를 시멘트로 메운 것이다.

5월 22일까지 꼭 한 주간 진행된 사역은, 건축 일 외에도 지역주민 전도도 병행했다. 교회 옆 정자나무 아래에서 아이들 또는 어르신들에게 사영리로 복음을 증거해 한 명의 어린이를 교회로 인도했다.

제 것 쓰세요

"지금도 잊히지 않는 마음이 있습니다. 증가교회 어느 집사님은 일할 때 꼭 찬양을 틀어놓으셨어요. 본인 차에 싣고 다니는 이동용 앰프 스피커를 이용해서 말입니다. 그런데 당시 저희 지촌교회 앰프는 너무 변변찮았습니다. 제가 부임해서 새로 산 것이었는데 말입니다. 그 집사님의 마음에 이것이 걸렸나 봅니다. 공사를 마치고 돌아가시면서 자신의 스피커를 주고 가시더군요. 순간 가슴이 찡했습니다. 본인도 아끼는 물건인 것 같았는데…"

강가 카페, 밖이 훤히 내다보이는 자리에 앉아 지난 일을 추억하며 이런저런 얘기를 나누다가 이 대목에서 대화가 잠시 중단되었다. 노희중 목사의 상기된 얼굴을 보며 그의 마음에 크게 자리 잡은 에피소드임을 짐작했다. 시골 작은 교회에 뭐라도 하나 더 주려는 집사의 마음, 그 따뜻한 마음을 읽은 목사의 마음, 그 마음이 만나 찡한 추억을 낳았다.

현재 지촌교회는 행정구역명을 따라 지정교회로 이름이 바뀌었고, 아직 만백성건축선교단의 사랑의 손길이 곳곳에 남아 있다. 노희중 목사는 이곳에서 6년을 사역하다가 2008년 교회를 떠났으며, 현재는 안성 현정교회에서 시무 중이다.

#02

따뜻한 말 한 마디

파평교회(2차 사역지)

"여기는 증가교회 만백성건축선교
단입니다. 교회 건물, 어디 고칠 데 있습니까?"

초기에는 그랬나 보다. 아직 알려지지 않았기에, 이곳저곳 수소문해
서 사역지를 찾아야 했던 것 같다. 지방회를 통해 파평교회(현 파평사
랑교회)의 어려움을 들은 선교단이, 그곳 담임교역자인 정명진 전도사
(현재 목사)에게 먼저 전화를 걸었다.

앞이 안 보이는 목회

서쪽 최북단에 위치한 파평교회, 1983년에 설립된 교회다. 정명진 전도

사가 2000년 7월에 제6대 교역자로 부임했을 때 교회는 35평 무허가 조립식 건물이었다. 어느 분이 기증한 맹지 300평 위에 급한 대로 지은 예배당이었다.

예배당보다 더 심각한 곳이 사택이었다. 지은 지 20년이나 된 낡은 사택, 주거용 건물이지만 고가 높아 춥기가 이루 말할 수 없었다. 창문이 크고 많아 겨울 황소바람을 감당하지 못했다. 개미가 어찌나 많은지, 날씨만 궂으면 천장과 벽면에 수백 마리씩 새카맣게 달라붙어 있었다.

지붕의 기와도 문제였다. 인근에 포사격장이 있어 잦은 충격으로 기와가 슬금슬금 내려와 매년 한두 차례 올려줘야 했다. 그러다 보니 틈이 생겨 비가 새고, 자연히 처마를 받치던 합판이 다 떨어져 나갔다.

서울보다 4-5도 가량 더 추운 이곳, 얼마 안 되는 성도들과 한 해 두

해 목회하다 보니, 젊은 용기마저 사라져갔다. 아내는 일을 나가야 했고, 정 전도사 또한 뭐라도 해서 생활비를 보태야 했다. (아르바이트를 하느라 짬을 내기 어려워 인터뷰 진행도 쉽지 않았다. "이렇게라도 하지 않으면 버티기가 어려워요." 농촌교회 목회자의 애환이 피부로 느껴졌다.) 그렇게 앞이 안 보이는 목회로 긴 한숨을 쉬고 있던 때 그런 전화를 받은 것이다. 천사의 음성이라고나 할까.

헌신은 감동을 낳고

2004년 8월 16일부터 두 주간의 공사가 진행되었다. 예배당은 일단 놔두기로 하고, 사택에 집중했다. 고를 낮추고, 전기공사를 새로 했다. 너무 큰 옛날식 창문 하나를 합판으로 막았고, 나무로 된 작은 창문들은 사포질과 페인트칠로 말끔히 단장했으며, 단열이 안 돼 있는 벽에는 석고보드를 둘렀다. 이어 도배공사로 마무리했다.

다 떨어져 나간 처마 합판을 교체하기는 했으나, 지붕에서 비가 새는 문제는 해결하기 어려웠다. 기와 전체를 교체하면 간단했겠지만, 넉넉하지 않았던 초창기 만백성의 예산으로는 감당할 수가 없었다. 하는 수 없이 선택한 방법이 방수칠이었다. 임시방편이긴 하나, 안하는 것보다는 나았다.

얼추 공사가 마무리되긴 했는데, 모두의 눈에 교회 종탑이 들어왔다. 너무 낮아 큰길에서 잘 보이지 않는 종탑 말이다. 기왕에 시작한 공사니 이것까지 마무리하면 좋겠다는 얘기가 한 사람 두 사람 입에서 흘러나왔다. 그러나 문제는 돈 아니겠는가? 종탑 공사비가 약 300만 원이나 드는데, 이미 만백성 사역비는 바닥이 났고, 농촌교회 자체적으로 당시 이런 큰돈을 마련하기는 더더욱 어려웠다.

그때 하나님께서 한 성도의 마음을 움직이셨다. 파평교회 임경희 집사, 그녀는 종탑 얘기를 전해 듣고 기도하는 가운데 자신의 옥합을 깨뜨렸다. 서울에서 남의 집 일을 도우면서 모은 100만 원을 주님께 드렸다. 아마도 자신이 드릴 수 있는 전부를 드린 것이리라. (임경희 집사는 현재 요양원에서 투병 중이다. 하나님의 선한 인도를 기도한다.) 이에 한껏 고무된 만백성 사역자들이 증가교회 다른 기관들을 섭외하여 나머지 금액을 마련함으로써 재정 문제가 해결되었다. 헌신이 감동을 낳고, 감동이 열매를 맺었다!

보통 공사가 시작되면 담임교역자 부부는 좌불안석이다. 다른 교회 성도들이 와서 땀 흘리며 쉬지 않고 일을 하니 자신들도 가만있을 수 없어서다. 사역자들 옆에서 뒤에서 짐이라도 나르고 청소라도 해야 마음이 편하단다.

파평교회 사모도 그랬다. 4개월 된 간난아이가 있었지만, 들쳐 업고 동분서주했다. 먼지가 가득한 공간도 마다하지 않았다. 그렇게 함께 땀 흘리며 도운 것까지는 좋았는데, 문제가 생겼다. 메케한 먼지를 흠뻑 마신 간난아이가 모세기관지염에 걸린 것이다. 그런데 이 병을 앓은 아이는 수년 후 거의 대부분 심한 천식이 온단다. 아니나 다를까, 4년 후인 2008년 겨울에 천식이 왔고 그해 네 번이나 입원을 해야 했다. 병원에서

거친 숨을 몰아쉬는 아이를 보면서 이들 부부는 무슨 생각을 했을까? 목
회… 사명… 자식….

사람이 북적대는 것이 너무 좋았습니다

만백성건축선교단의 사역이 끝나고 얼마 뒤 증가교회에서 연락이 왔다.
오후예배 때 와서 만백성 사역과 관련한 간증을 해달라고 말이다. 갑자
기 많은 성도 앞에 서려니 긴장도 되었지만, 정명진 전도사는 그 진솔한
마음을 열어보였다.

"시골교회에서 목회하려니 참 외로웠습니다. 이번에 무엇인가가 고쳐지고
새로워진 것도 정말 좋았지만, 사실 저는 사람들이 저희 교회 마당에 북적
대는 것이 더 좋았습니다. 생기가 돌고 활기가 넘치는 교회, 이게 계속됐
으면 좋겠다 싶더군요. 그래서 응석을 부리기도 했습니다. 공사가 끝나
도 제발 가시지 말라고요. 사람이 그리웠던 것이지요.
만백성 사역자들은 단순 일꾼이 아니었습니다. 그분들은 위로자셨습니
다. 일을 하시다가도, 식사를 하시다가도 저에게 용기를 불어넣어 주셨거
든요. 힘내라고, 용기를 잃지 말라고, 우리가 가서도 기도하겠다고 말입니
다. 저는 그런 격려를 하나님의 음성으로 여겼고, 제 안에 있던 모든 부정적
인 마음을 몰아낼 수 있었습니다."

따뜻한 말 한 마디가 영혼을 살리기도 한다.

만백성의 진짜 힘

누동교회(3차 사역지)

 가수 안재욱의 노래 〈친구〉는 우리
에게 친구가 어떤 존재인지 알게 한다. 특히 마지막 구절이 참 인상적이다.

널 얻은 이 세상 그걸로 충분해
내 삶이 하나듯 친구도 하나야

누동교회 장석정 목사는 만백성건축선교단의 직전 사역지인 파평교회
정명진 전도사와 친구다. 나이가 같고, 어려운 농촌교회를 섬긴다는 공통
분모도 있기에 한층 가까워졌다. 만백성의 사랑도 함께 나누고 싶었던 정
전도사의 추천으로 누동교회가 세 번째 사역지로 결정되었다.

눈이라도 뽑으려 했지만

1999년 장석정 목사가 부임할 당시, 누동교회(충남 태안)는 10명 정도의 성도가 모이는 전형적인 농촌 미자립 교회였다. 그런데 이런 미자립 상황보다 더 염려스러운 것은 교인들의 의식이었다. 우리 교회는 작은 교회다, 스스로는 아무것도 할 수 없는 교회다, 선교비를 받아야 살 수 있는 교회다 하는 의식으로, 그저 한 주 두 주를 버티는 상황이었다.

대부분 고추 농사가 생업의 전부였던 성도들의 삶은 대한민국 평균 이하였고, 태안 지역에서도 가장 하층민에 속했다. 그들 안에 교회 부흥의 열망은 불씨조차 찾을 수 없었다.

당시 예배당 형편은 어떠했을까? 이 얘기를 하려면 초창기부터 이 교회 성도였던 이재근 집사의 간증과 마주해야 한다.

예수를 믿으려면 내 주먹을 믿으라 했던 그는, 주님을 영접하고 난 뒤 복음의 열정으로 살았다. 많은 사람이 농촌을 떠나지만 자신이라도 이곳에 남아 교회를 지키고 영혼을 구원하는 것이 나 같은 죄인을 구원해 주신 하나님의 사랑에 보답하는 길이라 여겼다.

복음이 가슴을 뛰게 했던 시절, 그에게 성전건축이라는 사명이 다가왔다. 가진 것이 아무것도 없었지만, 무엇인가 드리고 싶고 드려야 했던 그는 마지막 선택으로 자신의 몸을 드리기로 했다. 서울에 어떤 안과 의사를 찾아가 자신의 한쪽 눈을 팔아달라고 부탁하니, 의사는 깜짝 놀라 왜 그러냐고 물었다.

"저희 교회가 지금 성전을 건축하는데, 시골교회 형편이 너무 어려워 여기까지 왔습니다. 주님의 몸을 세우는 일에 뭐라도 해야 할 것 같아 제 몸의 일부라도 바치고 싶습니다."

이 마음이 의사를 감동시켰다. 눈물로 호소하는 이재근 집사를 설득해 돌려보내면서, 의사는 그의 손에 작은 정성(건축헌금)을 쥐어주었다. 이 정성이 씨앗이 되어 건축이 시작되긴 했지만, 모은 금액이 워낙 적었기에 부실공사가 될 수밖에 없었다. 공사를 맡은 분에게 이 돈으로 성전(단층 60평)을 지어달라고 하니 몇 차례 거절 끝에 하긴 했는데, 결과는 불을 보듯 뻔했던 것이다.

시간이 좀 지나자 부서지고 갈라지고, 무엇보다 큰 비가 오면 물이 새 들었다. 곳곳에 곰팡이가 피고 나무 썩는 냄새가 교회 안에 가득했다. 밖에 있던 재래식 화장실은 정말 급한 경우가 아니라면 가고 싶지 않았다. 방수를 하고 여기저기 고쳐야 하는데, 형편상 엄두가 나질 않았다. 그러다 만난 것이 만백성건축선교단이다. 하나님은 친구를 통해 길을 여셨다. 희망을 보게 하셨다.

'아, 우리 교회도 달라질 수 있겠구나.'

2004년 10월 26일부터 두 주간의 공사가 시작되었다. 제일 큰 문제였던 누수를 잡기 위해 선교단은 최고의 전문가를 대동했다. 서울에서 지하철 방수공사를 담당했던 사람이 손을 보기 시작하니, 그동안 나름대로 조금씩 고쳐도 영 잡히지 않던 교회 외벽과 반지하방 누수 문제가 해결되었다. 교회 종탑도 보수했다. 알고 보니 누수의 근본 원인이었다.

2년간 선교국을 담당하면서 만백성 사역을 가까이서 볼 수 있었습니다. 섬김의 대상이 될 작은 교회를 어떻게 선정하는지, 사역을 위한 팀원들의 헌신은 어떠한지, 그리고 만백성 사역으로 예배 공간이 바뀔 때의 감격과 기쁨을 동시에 볼 수 있는 특권이 있었습니다. 만백성 사역자들이 1주일의 생업을 뒤로 하고 헌신하는 모습을 지켜보는 것만으로도 얼마나 큰 도전과 은혜가 되는지 모릅니다. 그리고 사역을 마치고 감사예배를 드릴 때, 그곳 교회 목회자와 사모님, 성도가 기뻐하는 모습은 많은 것을 생각하게 합니다.

우리 증가교회의 만백성 사역이 주님이 오시는 날까지 계속되기를 바랍니다. 복음 증거가 어느 때보다 척박한 이 땅의 현실 앞에서 작은 교회들이 지치지 않고 끝까지 사명을 감당할 수 있도록 열렬한 서포터즈가 되기를 바랍니다.

종탑에서 내려온 물이 교회 외벽을 타고 스며들었기 때문이다.

누수가 잡힌 반지하방은 도배도 하고 바닥도 새로 깔았다. 이어 밖에 있던 재래식 화장실을 실내로 옮겨 수세식으로 바꾸니 언제든 사용할 수 있게 되었다. 이 화장실 공사를 위해 누동교회 성도들이 작은 정성(변기, 문짝 등)을 보탰다. 우리도 무언가 해야 한다면서.

사역지가 지방일 경우 먹고 자는 문제가 크다. 그래서 보통은 증가교회 취사팀이 따라가 식사를 제공하고, 잠은 교회에서 잔다. 이번에도 사역자들은 교회에서 숙식을 해결하려 했는데 이재근 집사 가정이 나섰다. 10월 말인데 추워서 안 된다고, 그리고 마침 자신이 집을 새로 짓고 집들이도 아직 한 번 안했는데, 그 첫 손님으로 사역자들을 맞고 싶다고 말이다. 아무리 일꾼이 순환된다 하여도 대여섯 명은 상주하기 마련 아닌가? 이재근 집사와 아내 김은미 집사는 두 주간이나 기쁜 마음으로 헌신했다.

"성전을 위해 눈도 빼려 했는데, 그 정도는 아무것도 아닙니다. 시골 작은 교회에 이렇게까지 관심과 사랑을 쏟은 교회를 지금껏 보지 못했습니다.

처음으로 그리스도의 사랑이 무엇인지 느껴본 것 같습니다. 물질도 드리고 몸도 드리고 시간도 드리는 저분들, 정말 내 집처럼 정성을 다하는 사역자들을 보면서, 우리도 받기만 해서는 안 된다고 생각했을 뿐입니다. 피곤한 가운데서도 밤늦게까지 신앙 안에서 교제했던 날들이 지금도 생각납니다."

미자립 교회가 자립교회로

교회가 새로워지니 교인들이 달라졌다. 얼굴이 밝아지고 감사가 고백되기 시작했다. 하나님께서 우리 교회를 사랑하신다는 확신을 갖게 되었다. 장석정 목사의 기쁨에 찬 간증을 들어보자.

"마지막까지 대론 밤을 새워가며 정성에 정성을 다하는 만백성 사역자들의 모습에 저희 성도들이 도전을 받았습니다. '남들도 저렇게 열심히 일하는데, 우리는 지금껏 뭘 했는가?' 그 후 성도들의 봉사가 달라지기 시작했습니다. 같은 일을 해도 정성이 담기더군요. 지금까지 저희는 식탁교제가 없었습니다. 주일에 예배 끝나면 바로 돌아가기 바빴는데, 만백성 사역 이후 식탁교제가 시작됐습니다. 누수와 곰팡이 문제가 해결된 반지하방에서, 각자 준비해온 것으로 애찬을 나누니 교회가 좋아질 수밖에요."

이런 분위기는 이내 성장으로 이어져, 만년 미자립 교회가 자립하는 기적이 일어났다. 그걸 보면서 성도들에게 우리도 할 수 있다는 자신감이 생겼다. 지금까지 기도를 해도 응답이 없다고 생각하던 믿음에 변화가 일어났고, 전도의 불이 붙어 교회 부흥의 발판이 마련됐던 것이다.

"이를 계기로 2006년도에는 예배당을 대대적으로 리모델링하게 됩니다. 제가 누동교회를 떠나고 1년 뒤의 일입니다만, 아마 만백성건축선교단의 헌신을 보지 못했다면 그런 기적은 일어나지 않았을 겁니다."

목회를 하면서 지치고 힘들 때 만백성이 생각나 다시 용기를 얻는다는 장석정 목사. 하나님은 이 어려움을 극복케 할 누군가를 준비하고 계신다는 소망을 갖게 되었다고 한다.

"이게 만백성의 진짜 힘 아닐까요? 누군가에게 희망을 준다는 것, 그것을 눈으로 직접 보게 한다는 것…."

교인들이 친해졌어요

사랑의교회(4차 사역지)

작은 교회의 성전 보수를 사명으로 하는 증가교회(이정복 목사) 만백성건
축선교단은 올해 초부터 원주 지촌교회, 파주 파평교회, 충남 누동교회
를 섬기며 그리스도의 사랑을 몸으로 구현했다.

교단 언론에 소개된 이 작은 기사, 보통은 그냥 지나칠 수도 있다. 자
기와 관련이 없고 관심 분야가 아니라면 눈에 들어오지 않는다. 그런데
한 사람은 달랐다. 초등학교 시절부터 증가교회에 출석하여 신앙생활을
하다가 사명을 받아 신학교에 갔고, 신학교 졸업할 때까지 그 교회를 섬
긴 사람, 마침 그해(2004년) 3월 인천 계양구 병방동에서 교회를 개척한

바로 그 한 사람에게는 이 기사가 눈에 번쩍 띄었다.

'아, 어쩌면 우리 교회가 도움을 받을 수 있겠구나.'

그 사람이 이군성 목사다. 그는 기사를 보자마자 바로 만백성건축선교단에 전화했고, 빠르게 사역지로 선정되었다. 누동교회 공사가 끝난 지 한 달도 채 되지 않았지만, 어린 시절부터 함께 신앙생활하던 목회자의 요청이었기에 기쁜 마음으로 결정한 듯하다.

반가운 선후배들

이군성 목사가 개척한 사랑의교회(현 온누리교회)는 당시 재래시장(병방시장) 입구의 상가 2-3층을 예배당으로 사용하고 있었다. 2층은 교회와 목양실, 3층은 식당 겸 교제실 그리고 목사관으로 구분돼 있었는데, 오래된 건물이 그러하듯 단열이 잘 되지 않아 여름은 여름대로 겨울은 겨울대로 애를 먹었다. 창도 알루미늄 단창이었고, 겨울에는 외벽에 결로현상이 발생하는 건물, 가족의 건강도 건강이지만 냉난방 효율이 저조하니 가뜩이나 넉넉지 않은 개척교회 형편을 압박하고 있었던 것이다.

그러다 우연히 눈에 띈 기사 한 줄이 어린 시절 반가운 신앙 선후배들을 만나게 할 줄이야 누가 알았을까?

"만백성건축선교단과의 첫 만남에서 저는 오랜 친구를 만난 것 같은 반가움에 가슴이 벅찼습니다. 사랑어린 포옹으로 인사를 하고 식사를 하며 오래도록 밀린 이야기를 나누었습니다. 공사 얘기는 뒷전이었죠."

2004년 11월 17일부터 3일간의 사역이 시작되었다. 아마도 공사 규모가 크지 않았기에 빨리 결정된 것도 있을 것이다. 공사는 가장 급선무였던 단열에 주안점을 두었다. 벽에 각재를 대고, 담요와 비닐, 스티로폼 등으로 막은 뒤 석고보드로 마감했다. 이렇게 외부로부터 들어오는 한기를 차단한 뒤, 자투리 시간을 활용해 음향시설을 점검하고 페인트칠로 교회 안팎을 말끔히 단장했다.

증가교회 출신 이군성 목사는 누가 무슨 역할을 했는지도 기억한다. 주로 목수일을 감당한 하평수 집사, 음향을 점검하고 관련 용품 기증까지 해준 황강호 집사, 페인트칠에는 박병기 장로….

전도가 되더군요

당시 몇 명 되지 않던 교인들, 그마저 새신자라서 이 낯선 상황에 어찌할 바를 몰랐지만, 자신들의 교회를 온몸으로 섬기는 만백성 사역자들에게 순간순간 감사를 표했다. 시장 입구에서 순대와 떡볶이 장사를 하는 김순자 성도는 김이 모락모락 나는 것을 쟁반에 담아왔고, 대구에서 올라온 우주영 성도는 낮시간 내내 교회에 머물며 지칠 줄 모르고 이것저것 잔심부름을 했다. 늘 웃음 가득한 얼굴과 구수한 소프라노 사투리로 "고맙지예… 개안심더…"를 외치니, 현장 분위기가 밝아질 수밖에!

"짧은 기간이었지만 집중적인 노력으로 교회가 확 달라지자 성도들이 신기해하더군요. 그래서 그 다음 주엔가 그런 설교를 한 기억이 납니다. 사람도 똑같다고요. 우리가 증가교회의 사랑을 받아 이렇게 달라진 예배당을 선물받았듯이, 예수님을 믿게 되면 차디찬 세상에서 따뜻한 예수님의 사랑을 받고 베풀고 나누는 삶으로 바뀔 수 있다고 말입니다."

추위가 가시고 예배당이 예쁘게 단장되니 전도가 되었다. 그 무렵 교인이 두 명이나 등록했다. 새신자의 유입과 정착 못지않게 담임목회자를 고무시킨 것은 공사를 옆에서 도우면서 교인 간의 친밀감이 높아져, 이들이 개척교회의 핵심그룹(core member)으로 성장했다는 점이다.

이군성 목사는 만백성 사역을 이렇게 평한다.

"만백성 사역은 단순한 리모델링의 차원을 넘어섭니다. 교회 전반적으로 리빌딩의 분위기까지 확산시켜 작은 교회로 하여금 성장의 한 포인트를 맞이하게 합니다. 저희 교회가 꼭 그랬습니다."

얼치기 같은 공사를 통해
역사하시는 은혜

_이대섭 원로장로

한 통의 페인트와 붓 한 자루를 들고 시골 교회로 향했던 태동기에서부터 지금까지의 여정을 돌아봅니다. 누가 시킨 것도 아니고, 여유가 있어서도 아닌데 그분들은 성령님의 인도를 따라 그 몸을 움직였을 것입니다. 김평시 집사, 임순 집사, 박병기 장로 등등.

원주 지촌교회에 갔을 때는 목수, 미장공, 아마추어 전기기사가 팀을 꾸렸습니다. 시골의 영세 농가 지역에서도 가장 후진 교회당 옆 폐가(이렇게 부를 수밖에 없는)가 목사님 사택이었습니다. 연탄 가득한 부엌엔 여기저기 쥐구멍이 있었고, 쥐를 잡아먹으려 뱀이 들어오기도 했습니다. 시멘트로 구멍 메우기, 여기저기서 주워 모은 각목을 가지고 얼치기로 고치기, 깨어질라 조심조심 지붕의 기와를 바로 놓고 페인트칠하기, 누전되는 낡은 전선 정리하기.

우리가 떠나올 때 교회 사모님이 우리를 붙들고 눈물을 쏟으셨습니다. 허공을 보는 척하는 우리 역시 눈에 눈물이 고였습니다.

만 원의 후원자들과 사역자들의 열정이 모이고 쌓인 여정을 돌아보며 하나님의 역사가 어떻게 이어질지 기대하게 됩니다. 하나님, 감사합니다.

#05

확연히 다르더군요

행복한교회(5차 사역지)

 2005년 새해가 밝았다. 지난해 창단되어 네 번의 사역을 완료한 만백성건축선교단, 이제 그 후원자도 많이 늘어 '만백성'의 '백'을 넘어서고 있었다. 헌금으로 기도로 만백성을 후원하는 후원자들. 이번 사역지는 후원자(증가교회의 성도)의 추천으로 결정되었다. 행복한교회(남양주 소재)다.

2004년 4월, 양남환 목사가 부임하니 교회는 20여 평의 조립식 건물이었고, 신자는 두 가정 남아 있었다. 밭 한가운데 있는 가정집 같은 예배당에 종탑도 없었으니 언뜻 보면 교회인 줄 몰랐다. 화장실을 한번 가려면 예배당을 빙 둘러 가야 했고….

비교할 수가 없습니다

2005년 3월 28일부터 두 주간의 사역으로 교회는 완전히 거듭났다. 일단 종탑을 높이 세워 이곳에 교회가 있음을 멀리서도 알게 했고, 또한 예배당 주변에도 나무 세 그루를 심었다.

예배당 안에는 유아실과 목회자 서재가 설치되었다. 특별히 유아실에는 별도의 보일러를 깔아 아기 엄마들이 마음 놓고 예배를 드리게 했다. 또 예배당 안팎은 페인트칠로 예쁘게 마감했다. 화장실 가는 것이 늘 불편했는데, 조립식 패널 한쪽에 문을 달아 동선을 크게 줄였다.

"작은 교회에 부임한 지 5개월 만에 만백성의 사랑을 받았습니다. 얼마나 기쁘고 감사했는지 모릅니다. 공사가 끝난 뒤 지역사회에 교회가 점차 알려지는 것을 피부로 느끼니, 막 힘이 나더라고요. 그 무렵에 몇 가정 전도됐던 것으로 기억합니다."

여러 사정으로 인터뷰 시간이 짧아 많은 이야기를 나누지 못해 아쉬웠지만, 아래 양남환 목사의 마지막 말은 인상적이었다.

"공사 당시에도 물론 감동이 있었습니다. 정말 내 일처럼 일을 하시는 모습에 말입니다. 그런데 만백성 사역자들이 얼마나 열심히 또 정성으로 일했는지는 후일 교회가 부흥하여 성전을 새로 건축할 때 깨달았습니다. 생업을 내려놓고 아무 대가 없이 헌신하는 일꾼들과 일반 일꾼들은 확연히 다르더군요. 비교할 수가 없었습니다. 그때 증가교회 일꾼들이 다시 떠오르면서, '아, 내가 너무 귀한 사랑을 받은 것이로구나.' 깨닫게 되었습니다."

현재 행복한교회는 인근에 새 성전을 건축해 만백성건축선교단의 사역 흔적은 남아 있지 않다. 하지만 이 또한 만백성의 헌신의 결과라고 생각하니, 돌아오는 필자의 마음에 훈훈함이 감돌았다.

빠른 성장

탄현증가교회(6차 사역지)

좌를 회개하고 예수를 믿으시오.

믿기만 하오. 믿기만 하오.

예수님은 당신을 사랑하십니다.

지금 곧 예수께로 돌아오시오.

그리하면 거듭나 새사람이 됩니다.

_『한국성결교회사』(한국성결교회출판부, 1992), 62쪽

일제시대, 암울한 민족의 운명을 신앙으로 일으키고자 했던 두 사람,
스스로 일본으로 건너가 동경성서학원에서 성결의 복음을 연마한 두 사

람, 그들이 고국으로 돌아와 목소리를 높였다. 불신자는 구원의 복음을, 신자는 성결의 복음을 들어야 산다고!

이들의 열정이 대단했던 모양이다. "개가죽이라도 무릅쓸 경우에는 그것이라도 사양치 아니하겠다는 주의(主義)로 오직 충성을 다하였다"(이명직, 『조선야소교동양선교회성결교회약사』, 동양선교회출판부, 1929, 51쪽)는 옛 기록이 남아 있을 정도니 말이다. 그들이 예수께로 돌아오라고 목 놓아 외치는 소리는 많은 사람의 가슴을 파고들었다.

그렇게 경성 종로 한복판에서 북을 치고 나팔을 불며 복음을 증거한 김상준, 정빈 전도자에 의해 1907년 5월 30일 기독교대한성결교회가 시작되었다.

3천 교회 100만 성도 운동의 일환으로

기독교대한성결교회는 2007년 5월 창립 100주년을 맞이하면서, 수년 전부터 교단 역량을 강화하는 데 힘을 모았다. 그 대표적인 프로젝트 가운데 하나가 "3천 교회 100만 성도"다. 당시 2,500개 정도였던 교회를 3,000개 교회로, 약 70만 성도를 100만 성도로 부흥시킨다는 이 운동은 교단 내 여러 교회를 고무시켰고, 이 무렵 많은 교회가 개척된 바 있다.

탄현증가교회는 이 운동의 일환으로 개척된 증가교회의 지교회다. 그동안 부목사로 사역하던 김병석 목사를 개척자로 세워, 2005년 6월 26일 일산 탄현동 한 상가 지하 1층에 설립됐다. 경의선 탄현역이 가깝고, 여러

아파트가 숲을 이루고 있었기에 좋은 결과를 기대하며 선택한 곳이다.

증가교회는 지교회의 탄생을 위해 여러모로 애를 썼다. 보증금 전액(8,500만 원)을 지원했으며, 여러 비품 또한 성도들이 마음을 모아 희사했다. 그리고 이제 막 사역의 가속도를 붙여가고 있던 만백성건축선교단은 이 지교회를 위해 온 정성을 아끼지 않았다. 비록 이전 교회가 사용하던 공간이어서 교회적인 분위기가 남아 있긴 했지만, 대대적인 리모델링을 통해 일신(一新)할 필요가 있었던 것이다.

전문성과 섬세한 배려, 빠른 성장으로 이어져

만백성 사역자들은 수차례의 답사와 협의 가운데 설립예배 직전까지 약 3주간에 걸쳐 거의 모든 부분을 손보았다. 강단 십자가를 교체하고 그 전면부를 아름

교회를 살린다, 목회자를 살린다
안성찬 목사

증가교회에 부임했을 때 생소한 헌금봉투를 보았습니다. 바로 만백성선교헌금 봉투였습니다. 나중에 이 헌금이 어떤 목적으로 쓰이는지 들었을 때 전율이 일었습니다.

2년 전 어느 여름날입니다. 그늘이 전혀 없는 야외에서 땀을 비 오듯 흘리며 목조 건물을 해체하던 중 실수로 녹슨 대못을 밟았습니다. 순간 온몸에 소름이 돋았습니다. 응급처치 후 바로 읍내 병원에 가서 파상풍 주사를 맞았습니다. 그때 '10년 이상 묵묵히 사역하시는 만백성 사역자들은 숱한 상처와 환경적 어려움 속에서 이 일을 묵묵히 감당하셨겠구나' 하는 생각이 들었습니다. 저절로 고개가 숙여졌습니다.

작년 겨울엔 빛도 들어오지 않는 허름한 상가 지하교회 사역에 동참했습니다. 빗물이 새고 심한 곰팡이로 마룻바닥과 벽이 썩어 들어가며 단열도 안 되는 교회였습니다. 먼지 속에서 일해 목이 칼칼해졌는데도 동역자들과 웃으며 일할 수 있는 이유가 무엇일까요? 그리스도의 사랑과 복음, 그것이 아니라면 설명할 길이 없을 것입니다. 만백성 팀원 중에는 몸의 에너지가 완전히 고갈된 상태로 응급실에 실려 가길 수차례 반복한 사람도 있다고 들었습니다. 가슴이 뜨거워졌습니다.

저는 다섯 번 참여했습니다(매회 하루). 넥타이 대신 허름한 옷을 입고 현장에 투입될 때마다 이 사역이 교회와 지친 목회자들에게 얼마나 큰 힘이 되는지 뼛속까지 느낍니다. 만백성건축선교단은 교회를 살리고 목회자를 살리는 하나님 아버지의 비전임을 확신합니다.

답게 꾸몄으며, 예배당 양옆 벽면 하단에 무늬목 패널을 붙이고, 각종 전기공사, 페인트칠, 간판 제작, 목양실 책꽂이 제작 및 설치, 주방 겸 식당 공사, 유아방 설치, 그리고 마지막에는 바닥 대청소까지 정성에 정성을 다했다.

"가장 감동적인 부분은 강단과 십자가 공사입니다. 이전 교회는 강단 전면에 두꺼운 커튼을 사용했는데, 만백성 사역자들 말씀이, 그것이 습기와 냄새의 원인이라고 하시더군요. 미련 없이 다 걷어냈습니다. 그리고 패널과 목공 시공, 페인팅으로 깨끗하고 쾌적한 강단을 제작해주셨습니다" (김병석 목사).

지하는 습기에 약하다. 아무리 장치를 잘해 놓아도 지하 특유의 냄새를 막기란 역부족일 때가 많다. 이 점을 가장 염려한 사역자들은 예배당 천장에 자연적인 공기 배출장치를 달았다. 천장에 공기 흡입구를 만들고 주름관으로 연결하여, 그것을 하나의 관으로 모아 상가 외부 3층 옥상까지 연결했다. 또 이 관 끝에는 바람개비 장치를 설치하여, 전기모터가 아닌 자연 바람으로 지하의 탁한 공기가 빠져나갈 수 있도록 했다. 결코 쉽지 않은 공사, 만백성의 전문성과 섬세한 배려가 아니라면 가능하지 않았을 것이다.

설립예배 후, 처음 교회를 방문하거나 전도되어 나온 성도들은 하나같이 지하교회 같지 않다고 칭찬했다. 공기도 좋고 너무 깨끗하다고. 교회는 개척 6개월 만에 18명의 장년 성도가 모였고, 주일학교도 조직되었다. 이듬해 2006년 말까지는 약 40명의 성도가 전도되거나 자원하여 등록하였다.

그리고 개척 후 2년 3개월쯤 되었을 때는, 개척 장소에서 얼마 떨어지지 않은 곳 상가 6층 약 70평을 구입하여 교회를 이전하는 역사도 일어났다. 2년 남짓한 시간에 월세 교회에서 자가 교회로 올라선 것이다.

모든 것이 하나님의 은혜요 역사다. 그리고 만백성건축선교단의 섬세한 보살핌 덕분에 빨리 성장할 수 있었다고 김병석 목사는 강조한다. 지하였지만 결코 지하 같지 않은 교회, 그곳에서 자신감을 갖고 목회하니 자연스럽게 얻어진 결과라는 것이다.

세상 연륜 무시 못해

공사 중에 문제가 생겼다. 그 건물 3층에 타 교단 교회가 있었는데, 어느 날 그 교회 목회자가 지하 공사현장으로 내려와 한바탕 난리를 피우는 것 아닌가? 순간 분위기가 험악해졌다.

"3층에도 교회가 있는데, 왜 또 여기로 교회가 오느냐? 교회가 나간다고 해서 좋아했더니 다시 교회가 오면 우리는 어떻게 하란 말이냐? 우리 교회도 살라. 책임져라!"

젊은 담임목사가 무슨 말을 해야 할지 몰라 머뭇거리고 있을 때 실무팀장 하평수 집사가 나섰다. 그를 데리고 나가 조곤조곤 얘기하니 그냥 올라가더란다.

상가 주민들과의 마찰도 있었다. 공사하느라 장의자를 앞마당에 몇주간이나 쌓아놓았으니 불편했을 것이다. 공기 배출관을 3층으로 올릴 때도 그냥 있지 않았다. 그때마다 하 집사가 나서서 사람들을 달랬고, 사회생활 부족한 목사를 대신해 곤란한 문제를 처리해주었단다. '세상 연륜, 무시 못 하는구나' 하는 생각이 들었다.

현재 탄현중가교회는 푸른교회로 이름을 바꾸었다. 2011년쯤이다. 그리고 앞서 언급한 대로 인근 상가 6층을 사서 옮겼기 때문에, 만백성건축선교단의 사역 흔적을 볼 수가 없어 아쉬웠다. 지교회였기 때문에 어쩌면 가장 애정을 쏟았던 작품이었을 것인데, 남의 교회로 바뀌었으니 가서 보자고 할 수 없는 노릇이었다.

#07
하나님의 전보

일산한우리교회(7차 사역지)

> 우리 지방회 소속 증가교회가 작년부터 선한 사업을 벌이고 있습니다. 만
> 백성건축선교단이라는 평신도 선교단을 통해 작은 교회 예배당과 사택을
> 자비량으로 보수해주고 있사오니, 관심 있는 교회는 지방회 임원이나 사
> 무실로 연락바랍니다.

서울서지방회로부터 이런 내용의 공문이 한 장 도착했다. 처음에는
반신반의했다. 그도 그럴 것이 일꾼을 보내주는 것만도 쉽지 않은 일인
데, 공사비 전체를 부담하면서 보수를 해준다니 믿기 어려웠다.

일산한우리교회, 2000년 12월 10일 서울 한우리교회의 지교회로 고

양시 덕양구 한 상가에서 시작한 교회다. 담임 한달희 목사의 열정으로 교회는 급성장했다. 3년 만에 장년 50-60명, 교회학교 70-80명이 함께 하니 부교역자까지 둘 여유가 생겼다.

그렇게 상가 목회를 나름 성공적으로 이끌던 어느 날 하나님께서 땅을 주셨다. 2002년 7월에 현재 교회가 세워진 400평의 땅을 구입한 것이다. 여세를 몰아 2003년 11월에 건축을 시작하여 12월 말에 입당예배까지 드렸다.

교회가 새카맣다고 도망갔어요

그런데 문제는 이 땅이 농지라는 데 있다. 신도시 개발에서 제외된 땅, 주변에 여전히 농사를 짓고 있는 한가운데의 땅이었으니, 정식으로 건축할 수 없었다. 하는 수 없이 가건물로 짓고, 그 위에 검은 비닐을 덮었다. 안에 들어가 보면 나름 괜찮은 예배처소였으나, 밖에서 보면 영락없는 농가 비닐하우스였다. 행정관청의 눈을 피해야 했으니 어쩔 수 없는 선택이었다.

위치 또한 문제였다. 차 한 대 간신히 드나들 수 있는 좁은 농로(農路)를 거쳐야 했고, 주거지가 아니니 농사를 짓는 사람을 제외하고는 오가는 사람도 별로 없었다. 종탑도 없었으니, 간판을 자세히 보지 않는 한 저곳이 교회인가 알 길이 없었다. 어쩌다 전도가 되어도 교회 같아 보이지 않는 외관 때문에 정착률이 현저히 떨어졌다.

"목사님, 교회가 새카맣다고 도망갔어요."

지난번에 등록한 새신자가 요즘 왜 안 보이냐고 물으니, 돌아온 대답이다. 순간 담임목사의 마음도 '새카매졌다.' 생각다 못해 없는 돈에 페인트를 칠했다. 검은 비닐 위에 흰 페인트를 칠한 것이다. 방과후학교 아이들이 와서 보고는 그랬다. "목사님, 지붕에 눈이 내렸어요." 철없는 아이들의 농담에도 목사의 마음은 저려왔다.

새신자의 발길이 뜸해지고 끊어지자, 의욕을 가지고 이곳까지 따라왔던 신자들도 시간이 지날수록 힘들어했다. 하나둘 교회를 떠났다. 재정은 줄어가는데 은행에 돈 갚을 날은 또 왜 이리 빨리 돌아오는지…. 용단을 내렸다. 이 땅을 처분하고, 잠시 목회를 접고, 미국에 가서 박사학위를 마치고 오자고 말이다. 아내도 다른 가족들도 모두 고개를 끄덕였다. 그것이 목회자로서 얼마나 어려운 결정인가를 알기 때문이었다. "주님, 어떻게 해야 하나요?" 새벽마다 눈물로 기도하던 그의 마음을 누구보다 잘 알았기 때문이다.

"여보, 걱정 말고 그렇게 해요. 그동안 당신 너무 힘들었어요. 이제 다 내려놓고 밀린 공부나 마저 하고 옵시다. 목회는 그다음으로 미뤄요."

아내의 격려 속에 마음을 추스르며 떠날 준비를 하고 있던 그에게 날아온 공문 한 장, 그것이 한 목사의 마음을 돌려놓았다. 꼭 하나님의 전보같이 느껴졌다. 떠나지 말라고, 내가 도와줄 터이니 다시 해보라는 속달편지!

교회 부흥의 출발점은 땅을 사는 것이라 믿었기에, 일단 사기만 하면 그다음에는 어떻게든 될 줄 알았다. 비록 비닐하우스 모양을 하고 있지만, 접근성도 너무 떨어지지만, 열정 그 하나만 잃지 않으면 될 줄 알았다. 그러나 현실의 벽은 높았다. 교회 건물에 대한 자신감, 그것이 부흥에 그렇게 큰 요인으로 작용할 줄은 몰랐던 것이다. 그런데 그 문제를 자비량으로 해결해주겠다는 사람들이 있다는 것이니, 이게 무슨 징조인가?

두 번 생각할 것도 없었다. 바로 지방회에 연락했고, 만백성건축선교단과 연결되어 다음 선교지로 선정되었다. 교회는 주님의 몸이라 했다. 지금 그 몸이 사라지려고 하니, 하나님의 마음이 급해지셨던 것 아닐까?

십자가 튼튼히 붙잡고

2005년 10월 10일부터 두 주간의 사역이 시작되었다. 담임목사에게는 예배당 외부가 더 중요했는데, 만백성 전문가의 눈에는 밖보다 안이, 그 중에서도 예배당을 버티고 있던 프레임(틀)이 더 심각했다. 높은 고에 비해 벽이 너무 허술했기에 언제 무너질지 모르는 상황이었던 것이다. 그러고 보면 하나님의 관심은 목사의 목회나 자존심을 세우는 것보다 그 생명을 살리는 데 있으셨던 것은 아닐까?

그렇게 프레임을 바로 잡고, 실내 각종 인테리어, 예배당과 교육관 안팎 페인트칠, 종탑 설치까지 모두 순적하게 진행되었다. 종탑 설치비 가운데 절반 정도는 일산한우리교회가 부담했다. 그렇게라도 해야 마음이 편할 것 같아서였단다.

만백성 사역자 가운데 이 아무개 집사가 있었단다. 한달희 목사의 기억에 말이다. 그분은 늘 찬송을 부르면서 일을 했는데, 이 찬송 저 찬송 여러 개를 바꿔가며 부르지 않고 꼭 하나(통일찬송가 214장), 그것도 4절만 집중적으로 불렀다.

십자가 튼튼히 붙잡고 날마다 이기며 나가세
머리에 면류관 쓰고서 주 앞에 찬양할 때까지
예수는 우리를 깨끗게 하시는 주시니
그의 피 우리를 눈보다 더희게 하셨네

사실 한 목사는 이 찬송을 별로 즐겨하지 않았다. 그런데 이 집사가 두 주 내내 여기서도 "십자가 튼튼히 붙잡고" 저기서도 "십자가 튼튼히 붙잡고"를 흥얼거리는 통에 전염이 되었는지, 나중에는 자기도 좋아하게 되었단다. 지치고 힘들 때, 기도제목이 쏟아질 때, 자신도 모르게 "십자가 튼튼히 붙잡고"가 나오는 것을 보고 스스로도 놀랐다고 한다.

야, 이제 좀 교회 같아 보이네요

공사가 끝나자 주변의 인식이 달라졌다.
"야, 이제 좀 교회 같아 보이네요."
그 말 한마디에 큰 용기를 얻었다. 성도들도 예배당에 대한 자신감이 생기자 전도에 열심을 내면서 거리낌 없이 교회를 소개했다. 한 목사는

만백성 사역 이후 특별히 자신의 은사를 살려 교육목회(영어유치원, 방과후영어교실)에 전념하게 되었고, 이것이 현재의 국제학교로 발돋움하는 밑거름이 되었다.

다음은 한달희 목사의 감사편지다.

너무 어려워 목회를 접고자 했을 때, 만백성건축선교단의 섬김은 저와 온 교회에게 신선한 충격이었고, 평생 잊지 못할 선물이었습니다. 진심으로 감사드립니다. 한국교회의 선교 모델로 앞으로도 교회를 세워가시기를 축복합니다.

작은 섬김이었으나

원당서광교회(8차 사역지)와 양무리교회(9차 사역지)

농촌에서 15년 이상 성실하게 목회하는 친구가 있다. 어느 날 교제하는 가운데 이런 얘기를 전했다.

"내가 잊지 못 하는 형님이 있어. 제주도에서 사례비 2만 원 받고 전도사로 목회할 때, 너무 어려웠거든. 먹을 게 없어 1주일을 굶은 적도 있었으니까 말이야. 그러다 돈이 조금 생겨서 라면을 한 박스 사다 놓는데, 그렇게 든든하더라고. 한 번에 열 개를 끓여 먹은 적도 있어. 그 시절, 인근에서 목회하는 형님이 지나다 들렀다며, 내 주머니에 손을 쑥 넣더라고. 집에 들어와서 보니 돈 6천 원이었어. 눈물이 핑 돌더구만."

그때 받은 6천 원은 돈이 아니라 마음이었다. 동생을 사랑하는 마음…. 그게 고마워서 30년이 흐른 지금까지 그 형님이 하는 일이라면 무조건 도왔단다. 가끔 서울에 오신다는 연락을 받으면 공항에 마중 나가는 것은 기본이고.

원당서광교회는 원당 벽산아파트 상가 2층(30평)에 개척된 교회다. 허대행 목사가 2005년에 부임할 당시 개척 3년 정도 지난 뒤였고, 20여 명의 신자가 출석하고 있었다. 원당 서쪽 끝자락에 위치한 교회, 조그만 아파트 몇 동이 전부인 서민 동네였다. 그곳에서 마음을 다잡고 목회하면서 만백성건축선교단과 연이 닿았다. 공사 규모는 크지 않았다. 2005년 11월에 예배당 창문을 이중창으로 교체해준 것이 전부였다.

양무리교회(자유로 최북단 소재)도 마찬가지다. 겨울철, 기름값이 무서워 사택 보일러를 귀중품(?)처럼 모시고 산 이 가정의 딱한 형편을 듣고, 2005년 12월 보일러를 기름에서 연탄으로 교체해준 것이 다였다. 그날의 상황을 홍춘근 목사는 이렇게 기억한다.

"눈발이 날리던 어느 날 아침, 두 분이 자동차에 보일러를 싣고 오셔서, 헌 보일러를 떼어내고 새 보일러를 설치하느라 고생하셨습니다. 늦은 시간까지 꼼꼼히 살피시고 돌아가실 때 이제 됐다며 환히 웃으시더군요. 그 미소가 지금껏 잊히지 않습니다."

만백성건축선교단이 대대적인 공사만 한 것은 아니다. 위 두 교회의 경우에서 보듯, 초창기에는 단품공사도 여러 차례 했다. 그 교회가 요구한 것이 그 정도였을 수도 있겠고, 또 한 해 네 차례나 사역을 나가는 상황에서 예산이 부족했을 수도 있겠다. 그런데 이런 작은 섬김에도 큰 울림을 준다. 너무 절실한 것이었기에 말이다.

허대행 목사와 홍춘근 목사, 그들은 이렇게 입을 모은다.

"한 교회가 개척되고 성장하기까지는 여러 과정을 거칩니다. 올라갈 때도 내려갈 때도 있습니다. 그런데 가장 어려울 때, 가장 필요한 순간에 받은 도움은 하늘의 만나로 남습니다. '때를 따라' 도우셨던 하나님의 은혜로 평생 기억되는 것이지요. 만백성의 섬김이 바로 그랬습니다."

단돈 6천 원이 한 사람의 마음을 평생 따뜻하게 했고, 연탄보일러 하나가 한 가정의 마음을 평생 따뜻하게 했다.

현재 허대행 목사는 미국으로 건너가 시카고뉴송교회를 섬기고 있으며, 홍춘근 목사는 지금도 그 교회에서 목회한다. 1989년에 개척했으니, 28년째 농촌교회를 지키고 있다. 교회이름이 바뀌었다. 양무리교회에서 하늘사랑교회로.

이제는 우리 차례

고양교회(10차 사역지)

 고양시 덕양구에 위치한 고양교회로 향했다. 내비게이션에 의지해 근처까지 갔으나 교회를 찾을 수 없었다. 몇 바퀴 돌다가 하는 수 없이 인근 주차장에 차를 대고, 담임목사께 전화를 했다. 그의 안내에 따라 좁은 골목으로 들어가니, 가정집 같은 교회가 보였다.

교회? 가정집?

"2004년 10월 부임했을 때 고양교회는 20여 년의 역사를 가지고 있었지만, 교세는 아주 미약해서 주일예배 성도수가 30명 정도였고, 재정은 간신히 자립을 유지하는 수준이었습니다. 옛 한옥을 개조해서 작은 예배실과 교육관, 작은 사무실을 갖추고 있었지만, 외부에서 보면 언뜻 교회라기보다 가정집처럼 보였습니다."

새신자가 제 발로 찾아오기란 하늘의 별 따기였다고 말하는 육용운 목사. 길가로 나가고 싶은 마음이야 굴뚝같았지만, 작은 교회 형편에 그저 마음뿐이었다. 그렇다고 개척한 지 20년이 넘은 교회가 다른 교회에 손을 벌릴 수도 없는 노릇 아닌가? 게다가 점차 인구가 늘고 지역이 발달하면서 서울의 교회들이 예배당을 크게 짓고 들어오니, 고양교회는 점점 더 위축될 수밖에 없었다.

길가로 못 나간다면 옛날 건물을 속 시원히 고치기라도 하면 좋으련만, 그 또한 약한 재정에 엄두가 나질 않았다. 오직 하나님께 간절히 기도하면서, 향후 교회 부흥의 비전만 바라볼 뿐….

그때 만난 것이 만백성건축선교단이었다. 일산한우리교회처럼 지방회 공문을 받은 것이 기적의 시작이었다. 교회 건물을 보수하는 데 관심이 있는 교회는 신청하라는 연락을 받고, 그간의 기도에 하나님이 응답하신 것이라 믿으며 지원서를 제출했고, 얼마 후 단장 하평수 집사로부터 반가운 전화를 받았다. 사역지로 선정되었다고 말이다.

오직 기도하고 구경할 뿐

2006년 6월 18일부터 한 주간의 사역이 시작되었다. 강단 앞쪽을 예쁘게 꾸미고, 예배당 위아래를 몰딩으로 마감했다. 또 본당 입구 현관에 지붕을 만들고, 교회 옆면에 투명 처마를 만들어 비를 맞지 않고 이동할 수 있게 했으며, 2층 사무실로 올라가는 철계단 뒤쪽에 패널을 붙여 심리적 안정감을 높였다. 마지막으로 예배당 안팎의 페인트칠로 모든 공사를 마무리지었다.

내 교회도 아니고, 일한다고 보수가 주어지는 것도 아니지만, 하나님이 기뻐하시는 선교에 자신의 온몸을 드리는 사역자들을 보며 그냥 있기 미안해 음식이라도 대접하려 했지만 이 또한 오히려 섬김을 받게 되니, 성도들은 오직 기도하고 구경할 뿐이었다.

공사가 끝났을 때, 교회는 완전히 새롭게 바뀌어 있었다. 예배당에 들어서는 발걸음이 가벼워졌고, 왠지 모를 정겨움마저 들었다. 그동안 건물 때문에 많이 위축돼 있었는데 그런 시름이 한순간에 날아가 버렸다.

성도들이 이구동성으로 말한다. 교회에 오고 싶다고, 집에 가서도 생각 난다고.

이제 우리가 지원할 차례

모든 것이 새로워진 고양교회는 이후 나날이 부흥했다. 30여 명 모이던 교회가 이내 70여 명의 예배자로 가득 차게 되었으니, 만백성의 사역이 부흥의 디딤돌이 된 것이다. 육 목사는 이렇게 이야기한다.

> "지금 생각해보면 교회의 부흥은 목회자 한 사람이나 개 교회의 힘만으로 되는 것은 아닌 것 같습니다. 교회 간의 협력, 특별히 사랑과 애정이 담긴 섬 김이 더 큰 힘을 발휘한다는 것을 보게 됐습니다."

안디옥교회가 바울과 바나바를 소아시아 지역 선교사로 파송했고, 그 소아시아 교회들이 바울을 도와 로마 선교에 힘을 모았음을 언급하며 그는 증가교회가 안디옥교회처럼 우리 고양교회를 지원해주었으니, 이 제 우리가 또 다른 교회를 지원할 차례라고 말했다.

유아실의 위력

창천교회(11차 사역지)

 목회는 인간관계다. 아무리 유능하고 공부를 많이 했어도 사람 간의 관계에 실패하면 목회가 어려워진다. 그러기에 목회는 발품을 팔아야 한다. 골방에 들어가 기도와 묵상에 전념하는 시간도 필요하지만, 이 사람 저 사람과의 교제권을 유지하려는 노력도 게을리 해서는 안 된다. 만남 가운데 역사가 일어나기 때문이다.

제11차 사역지인 창천교회는 바로 그 교제권 덕분에 만백성건축선교단의 섬김을 받을 수 있었다. 이시구 목사는 평소 종종 찾아뵀던 이정복 목사(당시 증가교회 담임)와의 대화 가운데 만백성건축선교단을 알게 되었고, 그 자리에서 교회의 열악한 환경을 토로해 사역이 추진되었다.

사역하다 죽으면 순교

창천교회(당시 연희동 소재)는 기존에 장로교회가 사용하던 곳을 인수하여, 2004년 1월 개척되었다. 말이 예배당이지 사실은 지은 지 25년 된 가정집을 개조하여 교회로 꾸민 곳이었다. 빨간 벽돌로 된 낡은 건물, 화장실은 시멘트로 마감 처리된 상태라 오물이 배어나와 악취가 났고, 겨울이면 추워서 잠시라도 머물기 힘들었다. 구입한 지 10년도 더 지난 보일러는 한두 달이 멀다 하고 고장 났고, 추위도 추위지만 방음시설이 너무 안돼 있어 대화 한번 마음 놓고 할 수 없는 상황이었다.

보다 못한 목회자가 이곳저곳을 수리해도 그때뿐이었고, 오히려 손을 보면 볼수록 더 볼품없이 변해 갔다. 전체적인 안목 없이 그저 부분부분 땜질하는 식이었기 때문이다. 그런데 교회 주변은 새로 단장한 건물들이 속속 들어서 시간이 지날수록 깨끗하고 예쁜 지역으로 일신(一新)하고 있었으니, 목회자는 하루하루 속이 탔다. 미운 오리새끼처럼, 교회가 이곳에 있으면 안 될 것 같은 미안한 마음까지 들었다.

이정복 목사의 든든한 후원에 힘입어 공사가 시작되었다. 2006년 9월 4일부터 두 주간의 사역을 통해 예배당과 사택 모두 새 옷으로 갈아입었다. 강단 전면 교체, 유아실 설치, 각종 전기공사, 교회 내부 페인트칠, 화장실 수리, 수도관 누수공사, 사택 싱크대와 장판 교체, 그리고 사택 앞마당 챙 설치.

하평수 집사는 당시 몸이 좋지 않았다. 그런데도 저녁에 혼자라도 남아 끝까지 공사에 몰두하는 날들이 있었다. "사역하다 죽으면 순교"라면서 말이다. 타일 전문가였던 이영수 집사는 밖에서 자기 일을 끝내고 부리나케 사역 현장으로 달려와 밤늦게까지 자신의 몫을 감당해주었다. 담임 이시구 목사는 이 두 사역자를 보면서 '목회 좀더 열심히 해야겠구나' 생각했다고 한다.

공사가 끝난 뒤 어느 권사께서 사역자들을 다 초청했다. 저들의 땀과 헌신을 가까이서 보았기에 자신의 집에서 따뜻한 밥이라도 한 끼 대접하고 싶었던 게다.

아, 유아실

부평에 비전교회가 있다. 이춘오 목사가 20여 년 목회하면서 출석성도가 500명 정도의 중급 교회로 자랐다. 부임 시절, 지하 30평의 예배당, 서너 명의 성도가 있었다. 그런데 특유의 열심과 성실로 전도에 매진하니 교회는 조금씩 부흥해갔다.

신자 한 명 얻기가 얼마나 어려운지는 작은 교회 목회를 해보면 안다. 그냥 들러보는 유동 신자도 드문 형편에, 찾아가고 또 찾아가 간신히 교

회 문을 넘게 하면, 이런저런 이유로 모습을 감춘다. 그 가운데 부임 초기 이춘오 목사의 그 큰 눈에 닭똥 같은 눈물이 가득 고이게 한 이유가 유아실이었다.

"유아실이 없네요…."

예수 믿기로 하고, 교회 나오기로 단단히 약속하여 주일에 집까지 찾아가 데리고 온 그 젊은 엄마가 한 말이다. 이런 일을 수차례 겪으니, 평생 한이 되었다. 예배당을 짓기만 해보라고, 세상에서 제일 좋은 유아실 만들 거라고. 아닌 게 아니라 그는 예배당을 확장 이전해서도, 성전을 새로 건축했을 때도 유아실에 신경을 많이, 아주 많이 썼단다. 그때의 눈물을 회상하며 말이다.

창천교회 또한 마찬가지였으리라. 만백성건축선교단이 섬겨준 모든 공사가 다 유익했지만, 특별히 그동안 너무 아쉬웠던 유아실이 생기니 젊은 아기엄마들이 하나둘 정착하기 시작했다. 그리고 믿음이 생긴 그들이 남편까지 전도하는 모습을 보게 되었다. 교회 내 작은 공간인 유아실, 이것이 영혼을 구원하는 단초가 될 줄이야….

챙 걷어옷!

교회 2층이 사택이었다. 사택 앞에 약간의 공간이 있었는데, 위에 차단 시설이 없어 비나 눈이 오면 여간 불편한 것이 아니었다. 생각다 못해 챙이라도 치기로 했다. 치는 김에 완벽하게 한다고 좀 멀리까지 나갔나 보다. 앞쪽 건물주가 자기 집을 가린다고, 걷으라고 요구해 왔다.

만백성 사역자들과 성도들, 순간 난감해졌다. 그러나 예수 믿는 사람이 이런 순간에 기도 외에 달리 할 수 있는 것이 있겠는가? 한참 기도하고 나니, 하나님이 지혜를 주셨다. 챙 전체를 철거할 것이 아니라 건물 밖으로 나간 부분만 살짝 자르면 될 것 아닌가? 그래서 그렇게 했다. 그 사람이 또 뭐라 할까 마음 졸였지만, 그 이후 아무 말이 없었다. "오 주여, 감사하나이다."

이시구 목사는 이곳 창천교회에서 8년을 목회한 뒤, 현재는 탄현백합교회에서 시무 중이다.

#11

이가 없으면 잇몸으로

행신중앙교회(12차 사역지), 장암예향교회(14차 사역지), 예수비전교회(17차 사역지),
고양 예향교회(18차 사역지), 부평시민교회(21차 사역지)

 위 다섯 교회는 사역 규모가 작거나,
현재 교회와 목회자를 찾을 수 없는 교회, 그리고 사정상 취재 및 인터뷰
가 충분하지 못한 교회들이다. 이들 교회의 사역도 하나의 역사니 빼놓
을 수 없어서 기록을 남긴다.

조금 일찍 알았더라면 _행신중앙교회(12차 사역지)

일산 행신동 무원아파트 앞에 위치한 행신중앙교회는 만백성건축선교
단과 연결되기 2년 전에 이미 1억 원 이상의 비용을 들여 성전 내외부

리모델링을 마친 상태였다. 담임 안종기 목사는 이 점을 매우 아쉬워했다. 좀더 일찍 만백성을 알았더라면 실질적인 도움을 받았을 것이라고 말이다.

그래도 어쨌든 미진한 부분이 남아 있었고, 2006년 10월 9일부터 약 열흘간 만백성의 섬김을 받았다. 옥상 방수(우레탄), 교회간판, 예배당의 불필요한 창문 벽돌로 막기, 그리고 지붕으로 올라가는 사다리 경사 조정 등.

안종기 목사는 옛 기억을 되살려 이렇게 감사의 마음을 표한다.

"만백성 회원들이 자기 일을 미루고 여러 날 와서 헌신적으로 일한 것에 큰 감명을 받았습니다. 앞으로 우리도 베풀고 섬기는 교회가 되어야겠다고 다짐을 새롭게 했던 것이 기억나네요."

교회 부흥의 계기 _장암예향교회(14차 사역지)

7호선 장암역(의정부) 가까이에 있던 장암예향교회는 1998년 서울 상계동 상가에서 개척한 뒤 2002년에 이곳의 한 주택을 구입해 리모델링 후 교회로 사용했다. 오래된 건물이어서 모든 시설이 열악했다.

서울북지방회의 추천으로 2007년 12월 10일 약 두 주간의 공사를 시작했다. 주로 교회 내부 인테리어와 종탑공사에 주력했고, 추가된 현관 공사는 예향교회에서 경비를 부담해 진행했다. 다음은 담임 정승일 목사의 회고다.

"전체적으로 깨끗하고 밝아진 예배당, 높이 세워진 종탑으로 교인 모두
가 좋아했습니다. 동네 사람들에게 교회에 대한 좋은 이미지를 심어주면
서, 이것이 교회 부흥의 계기가 되었던 것이 사실입니다. 12월의 맹추위에도
아랑곳하지 않고 정성을 다해 준 만백성 단원 여러분께 거듭 감사의 말씀
을 올립니다."

이가 없으면 잇몸으로 예수비전교회(17차 사역지)

지금까지 만백성건축선교단을 실질적으로 이끌어온 사람이 하평수 집
사다. 2004년 창단 시절에는 실무팀장으로, 몇 년 뒤부터는 단장으로 헌
신하다가 2008년 8월 방축도소망교회 사역을 마지막으로 그만 몸져눕
게 된다. 사실 그 이전부터 몸은 여러 신호를 보내고 있었으나, 작은 교
회를 위한 사명감으로 아픈 몸을 이끌고 사역을 계속한 것이다.

그가 빠진 만백성건축선교단, 자연히 멈칫할 수밖에 없었다. 한 해 서 너 번의 사역은 기본이었는데, 배에 선장이 없으니 출항이 어려웠다.

'어떻게 해야 하나?'

'이제 이 사역도 접어야 하나?'

그러다 용단을 내렸다. 이가 없으면 잇몸으로라도 하자고! 단원들은 총무 김영래 집사를 중심으로 사역을 계속하기로 결정했다. 김영래 집 사의 얘기를 직접 들어보자.

"2008년 16차 공사를 마친 후 창단부터 비전을 품고 실무팀장으로 일하 셨던 하평수 집사님의 병환으로 사역이 존폐 위기에 놓였습니다. 실무팀장 이 없어 전체 계획을 세울 수 없었던 것인데, 그때 팀원이었던 각 실무단원 들이 각자 공사 계획을 세워 서로 협력하면서 2009년 제17차 공사를 진행 할 수 있었습니다."

그렇게 하여 어렵게, 그러나 최선을 다해 준비한 사역이 예수비전교회다. 그만두어도 아무도 뭐라 하지 않을 상황이었는데, 쇄도하는 사역신청서 속에 담긴 작은 교회 목회자들의 눈물을 읽고 그야말로 진력을 다한 것이다. 아마도 만백성건축선교단이 오늘날까지 그 맥을 이어올 수 있었던 것은 바로 '그래도 해보자!' 했던 이 순간의 용기 때문 아니었을까?

남양주 진접에 있는 예수비전교회는 처음부터 기존 교회 건물(지하 1층, 지상2층, 연건평 150평)을 매입하고, 2007년 3월 개척한 교회다. 예배당을 갖춘 모양새는 좋았으나 문제는 지은 지 오래되었다는 것이다. 건축양식도 그렇고 창문이라든가 조명도 옛날식이었다.

같은 지방회 목사의 소개로 만백성건축선교단과 연결되었고, 2009년 10월 12일부터 한 주간의 공사가 시작되었다. 만백성 사역자들은 강단 커튼을 제거하고 그 뒷벽을 현대식으로 꾸몄으며, 천장에 힘겹게(?) 달려 있는 상들리에 대신 밝고 환한 십자등으로 교체했다. 또 지하식당 창문을 이중창으로 바꾸고, 빗물이 들어오지 못 하도록 방지하는 공사, 식당과 계단 등 페인트칠로 모든 공사를 마무리지었다.

아무것도 남지 않은 사역지 _고양 예항교회(18차 사역지)

안타깝게도 현재 아무것도 찾을 수 없는 교회다. 교회도 목회자도. 작은 교회 시절, 만백성건축선교단의 섬김을 받았다(2011년 11월 1일부터 한 주간). 이후 교회가 성장하여 새 성전을 지었는데, 이 건물이 경매로 넘어가면서 교인들은 뿔뿔이 흩어졌고, 당시 목회자였던 이승안 목사 또한 소재가 파악되지 않는다.

제2기 실무팀장을 맡은 신동민 집사의 첫 사역지이자, 백운주 목사가 증가교회 담임으로 부임한 뒤 첫 사역지였던 예향교회, 현재로서는 당시 만백성건축선교단 보고서에 나오는 공사 내역을 소개할 수 있을 뿐이다.

성전 벽면과 천장 전체 이중벽면 및 도배, 단열공사
성전 유아실 방음, 도배 및 창틀 교체공사
성전 목양실 칸막이 패널 및 목공 인테리어, 도배작업
성전 내 취사실 칸막이 패널 및 수도배관, 온수공사
성전 전등기구 위치교환, 스위치 설치
영상 프로젝트 및 스피커 부착공사
성전 입구 교회간판 설치 및 유리 선팅공사

그분의 신고 정신 _부평시민교회(21차 사역지)

2012년 6월, 특별히 찬양에 은사가 있는 이석윤 목사가 부임한 뒤 소음민원이 종종 발생했다. 교회 앞에 사는 어떤 주민이 시끄럽다고 집요하게 신고를 했기 때문이다. 지은 지 20년이 넘는 예배당에 방음시설이 있을 리 만무다.

경찰들도 그 사람이 신고하면 대번 무슨 일 때문인지 알았고, 신고가 들어왔으니 안 가볼 수는 없어서 교회로 찾아와 눈인사 정도 하고 갔다. 그러나 지역사회에서의 이미지가 중요한 교회, 또 목회자의 입장에서는 그분의 신고정신(?)이 영 불편할 수밖에 없었다.

2013년 어느 날 만백성건축선교단 신동민 집사와 다른 두 사역자가 찾아와 2층 본당 창문을 튼튼한 이중창으로 교체했고, 1층 현관 안쪽으로 이중문을 달아주었다. 추위와 방음 문제를 동시에 해결한 것이다. 공사 기간은 하루.

이후 예배 분위기가 편안해졌다. 기분 나쁜 전화를 받는 것도, 경찰들의 민망한 방문도 사라졌기 때문이다. 그렇게 성도들이 마음껏 찬양하고 기도하니, 위축되었던 교회 분위기가 나날이 새로워졌다.

우리가 노가다냐

동산교회(13차 사역지)

"목사님, 내일 오신다고 하셨죠? 그런데 오늘 저희 동네에 눈이 엄청나게 왔거든요. 약속을 다음으로 미루면 어떨까요?"

출발하기 전날 밤, 포천 동산교회 오현섭 목사로부터 카톡이 날아왔다. 순간 고민이 되었다. '어떡하지? 미뤄야 하나?' 그러나 이내 고개를 가로저었다. 어렵게 잡은 약속인데, 가까운 거리도 아니고 이제 또 미루면 기약이 없을 것 같았다. 곧바로 답신을 보냈다.

"그래도 일단 시간을 비워둔 날이니, 가볼게요. 조심해서요."

아침 일찍 나섰다. 눈길이니 늦을까 싶어서···. 전곡까지는 큰길이어서 제설작업이 웬만큼 돼 있었다. 그런데 마을로 들어서는 초입부터 분위기가 심상치 않았다. 날씨는 맑고 쾌청했으나, 그래서 주변경관은 더할 나위 없이 아름다웠으나, 필자의 눈은 바로 코앞에 고정되었다. '아 이거 끝까지 갈 수 있으려나?'

아주 기다시피 차를 몰고 가는데, 아뿔사 산을 하나 넘어야 했다. 높지는 않지만 그래도 산은 산이다. "주여!"가 절로 나왔다. 저단 기어로 바꾸고 식은땀을 흘리며 간신히 산을 내려오니, 이번에는 완전 빙판길이었다. 눈길이 아니라, 그 눈을 사람이나 차가 밟고 밟아 만들어진 빙판길! 천신만고 끝에 교회에 도착하니, 옷이 흠뻑 젖어 있었다.

증가교회 출신 목회자

중부지역 최북단에 위치한 동산교회, 시골이라는 말로도 충분치 않다. 그야말로 산 넘고 물 건너 끝자락에 있는 교회다. 교회가 아예 없었던 이곳에 1990년 7월 동산교회가 개척되었고, 2006년 12월에 제3대 목회자로 오현섭 목사가 부임했다.

와보니 교회 건물 관리가 전혀 안 돼 있었다. 서울 동명교회가 지교회로 개척하면서 지은 예배당으로 16년도 더 지난 건물, 일단 비가 샜다. 단열이 안 돼 너무 추웠고, 겨울이면 화장실이 동파돼 아예 사용을 못 했다. 2층 본당으로 올라가는 계단은 어찌 그리 경사가 높은지, 어르신들이 오르내리기가 불편했고 위험했다.

농촌교회 형편에 무턱대고 일을 저지를 수도 없었다. '이걸 어떻게 하나?' 하면서 기도만 하고 있을 즈음, 증가교회 유도현 장로가 방문했다. 증가교회를 같이 다니며 평소 잘 알고 지내던 오현섭 목사가 어려운 교회로 부임했다는 소식을 듣고 격려차 방문한 것이다. 교회를 둘러본 유 장로는 불쑥 만백성건축선교단 얘기를 꺼냈다. 몇 년 전에 증가교회 안에 작은 교회를 섬기는 선교단이 생겼으니, 일단 한번 신청해보라고 말이다.

오 목사 또한 만백성 소식은 들어서 알고 있었다. 그러나 선뜻 나서지는 못했는데, 유 장로까지 그렇게 말하니 하나님의 인도하심이라는 생각이 들었다. 기도하면서 신청서를 보냈고, 이후 모든 일이 순적하게 풀려나갔다. 다른 사람도 아니고 어린 시절부터 함께 신앙생활을 한 목회자의 부탁이니, 선교단도 흔쾌히 동의하지 않았을까?

노가다만 하고 오란 말이냐

2007년 8월 6일부터 두 주간의 사역이 시작되었다. 강단 뒤쪽을 예쁘게 꾸미고, 본당 바닥은 데코타일로 마감했다. 경사가 높았던 본당 계단은 기존 계단 위에 목재로 다시 설치하여 어르신들의 불편을 최소화했다. 제일 문제였던 화장실은 기본 틀만 남기고 문, 변기, 조명 등 전부 교체했다. 그리고 열선을 넣어 동파를 막았다. 페인트칠은 기본! 사택도 손을 좀 보았다(단열공사와 도배).

동산교회 공사에는 특별 사역자들이 있었다. 증가교회 청년 20여 명

이건 정말 대박이었습니다

박노아 목사

2014년 5월 부임하자마자 만백성 사역이 김포에서 진행되었습니다. 모든 것이 생경한 신참내기 부목사는 건축일이라고는 한 번도 해보지 못했기에 가는 것조차 부담스럽더군요. 그런데 이게 웬일입니까? 현장에 도착을 했는데, 상가 3층 교회가 완전히 다 부서지고 새롭게 지어지는 것이 아니겠습니까!

이건 정말 대박이었습니다. 어떻게 보면 대형교회의 영광 뒤에 가려진 그림자 같은 작은 교회, 작은 것 하나 고치고 싶어도 그냥 버텨야 하는 작은 교회의 입장에서는, 단순히 부족한 하나를 고쳐주는 정도가 아니라 아예 새로운 교회로 거듭나게 하는 사역이니, 그 사역을 지켜보는 것만으로도 감사가 넘칠 수밖에 없었습니다.

그렇게 저는 다섯 번의 사역을 경험했습니다. 토요일 마감감사예배를 드릴 때 사역지 목회자께서 주체할 수 없는 눈물을 흘리며 고백하는 것을 보았습니다.

"감사합니다. 정말 감사합니다! 다시 사역의 열정이 솟아나게 되었습니다. 힘내서 사역하겠습니다."

저도 아버지의 개척교회를 경험하며 자랐기에 이분들의 어려움이 무엇인지 알기에, 그리고 만백성 사역을 통해서 얻은 힘이 무엇인지 알기에 함께 눈물을 흘리곤 했습니다. 우리 만백성 팀원들에게 이렇게 고백하고 싶습니다.

"감사합니다. 정말 감사합니다. 우리 만백성 사역을 통해 작은 교회들이 다시 일어서게 될 것입니다."

이다. 해마다 여름이면 산으로 바다로 수련회를 떠나던 그들이 이번에는 작은 교회, 특별히 선배 교회를 위해 땀을 흘리기로 한 것이다.

말씀과 기도와 찬양으로 은혜를 받는 것도 중요하지만, 허물어진 주님의 몸을 세우는 선교에 동참하는 것도 평생 잊을 수 없는 추억이 될 것이라 생각했을 그들, 전문가들이 아니기에 그저 만백성 사역자들 옆에서 뒤에서 허드렛일을 감당한 것이 전부지만, 오 목사는 청년들이 고생 많이 했다고, 요즘 청년들 같지 않게 최선을 다했다고 기억한다.

그런데 이렇게 되기까지는 우여곡절이 있었다. 사역 5개월 전부터 만백성건축선교단과 청년회가 매월 두 차례씩 모여 사역을 논의했는데, 출발 전날 주일 저녁에 청년들이 담당목사를 찾아가 거세게 항의했다.

"우리는 갈 수 없다."

"우리 프로그램을 따로 갖겠다."

"우리보고 노가다만 하다가 오라는 것

이냐?"

난처해진 청년담당목사, 할 말을 잃었다. 그러나 이제 와서 돌이킬 수도 없는 노릇이니, 밤새 설득하고 또 설득했다. 어쨌든 그런 내홍 끝에 동참한 청년들, 사역을 마치고 돌아가면서는 무슨 말을 했을까?

"이렇게 귀한 선교를 하는지 몰랐다."

"만백성이 뭔지 몰랐고, 교회 안에 이런 선교단이 있는 줄 몰랐다."

"우리는 어린아이였다."

이후 청년회는 종종 만백성과 협력하겠다고 다짐했고, 이는 바로 다음해 방축도소망교회 사역으로 계속된다.

감동 바이러스

사역을 시작하면서 보니, 동산교회 성도들의 반응이 없었다. 웬일인지 냉담했다. 새로운 목회자가 부임한 뒤 얼마 되지 않아서였을까, 서울 손님들이 온통 시끌벅적 왔다갔다 하니 낯설어서일까?

그런데 하루 이틀 지나면서 그 냉기가 조금씩 녹기 시작했다. 쉬지 않고 일하는 사역자들, 누가 봐도 내 교회 일처럼 정성을 다하는 모습, 말 없이 최선을 다하는 마음이 통하면서 한 명 두 명 이 사역에 동참하기 시작했다. 현장에서 같이 땀도 흘리고 식사봉사도 도왔다.

그렇게 공사가 한창이던 어느 날, 모두를 감동시킨 일이 생겼다. 원래 계획에 1층은 없었다. 2층 본당과 화장실, 그리고 사택이 주 대상이었는데, 성도들이 십시일반 헌금하여 1층 바닥공사비를 가지고 온 것이다. 본당처럼 1층 바닥도 똑같이 해달라고(데코타일).

"남들도 저렇게 열심히 하는데, 정작 우리가 가만있으면 안 되지 않겠습니까?"

감기만 퍼지는 게 아니다. 기쁨도 행복도 열정도 헌신도 퍼진다. 그 안에 있는 바이러스의 정체는 '감동'이다.

#13

좁은 길

로뎀나무교회(15차 사역지)

"저기 저 좁은 문이 보이십니까?"

"안 보이는데요."

"그러면 저 반짝이는 빛은 보이십니까?"

"예, 보이는 것 같습니다."

"그러면 그 빛을 따라서 곧장 가십시오. 그곳에 가면 좁은 문이 나올 것입니다. 그 좁은 문을 두드리면 누군가가 당신을 안내해 줄 거요."

(똑똑똑)

"뉘시오?"

"저는 죄의 짐을 벗고 싶어 온 사람입니다. 전도자가 보내서 왔습니다."

"들어오십시오. (잠시 후) 저 앞을 보세요. 저 앞에 좁은 길이 보이십니까?"

"예, 보입니다."

"이 길이 이제부터 당신이 가야 될 길입니다. 이 길은 그리스도와 그의 제자들에 의해서 닦인 길입니다."

"혹시 초행길에 혼동이 될 만한 갈림길이나 구불구불한 길은 없습니까?"

"물론 그런 길이 많습니다. 그러나 모두 폭이 넓습니다. 바른 길은 단지 하나뿐이고 그 길은 매우 좁기 때문에 옳고 그른 길을 분간하기란 쉬울 것입니다."

『천로역정』의 한 대목이다. 자신의 죄 때문에 고민하는 크리스천에게 어느 날 전도자와 선(善)이 좁은 길을 안내하며, 이 길만이 살 길이라고 한다.

좁은 길 따라

2002년 1월에 개척된 로뎀나무교회(서울 성북구 종암동), 이 교회에 들어가기 위해서는 반드시 거쳐야 할 곳이 있다. 좁은 골목길인데, 필자는 이 좁은 길을 지나면서 위 천로역정의 대화가 생각났다.

'좁은 골목을 거쳐 좁은 계단으로 올라가야 만나는 구원의 문, 영생의 문….'

이렇게 써놓고 보니 무슨 시 같다. 뭔가 있어 보인다. 그러나 현실은

'전혀' 그렇지 않다. 작은 교회의 처지를 희화화한 것 같아 민망한 마음이 들지만, 현실 그 이상도 이하도 아니다.

로뎀나무교회는 오래된 건물 2층에 있다. 지은 지 60년 가까운, 해방 후 얼마 있다 지은 건물이라고 하면 감이 오시는지…. 그 안에 예배당을 꾸민 지도 7년이나 됐으니 그 '낡음'은 시쳇말로 안 봐도 비디오다.

게다가 방금 얘기한 대로, 들어가는 입구는 길고 좁고 음침했다. 두 사람이 나란히 걸을 수도 없는 이 어두운 골목, 그 골목을 따라 들어가야 교회가 있다니, 사람들은 전도를 해도 들어오기를 꺼렸다. 전도도 전도지만, 늦은 저녁이나 새벽에 술 취한 사람이 종종 실례를 해놓기도 하고 불량 청소년들이 그곳에서 무슨 짓을 할지도 모르니, 손신기 목사는 늘 노심초사였다.

"어떻게든 해보고 싶은 마음이야 굴뚝같았죠. 교회를 옮기든지 리모델링을 하든지 무슨 수를 내야 했어요. 마침 신문에서 만백성건축선교단 기사를 보게 됐습니다. 그때 갑자기 소망이 생기더군요. 한번 신청서나 내보자고요. 하나님이 불쌍히 여기면 들어주시지 않겠냐고요."

공사비가 남았다

2008년 3월 24일부터 두 주간의 공사가 시작되었다. (공식적인 것이 두 주간이었고, 하평수 집사가 개인적으로 사역한 것까지 합하면 총 22일에 달한다.) 강단을 새롭게 꾸미고(목공 인테리어), 예배당 내벽에 목재 패널을 붙여 안정감을 더했다. 단열 효과는 물론이다. 천장은 석고보드로 교체하면서 전기공사까지 추가했고, 예배당 한쪽을 칸막이로 막아 애찬실(식당)을 만들었는데, 그 중간을 뚫어 통유리를 끼우니 답답함이 사라졌다. 그곳에서도 강단이 보이니 경우에 따라 유아실로도 겸할 수 있었다.

그 외에도 교회 안팎의 페인트칠, 창틀공사(이중창), 계단 난간 설치, 화장실 세면기 및 냉온수관 설치, 교회간판 및 예배시간 안내간판도 있다.

전체 공사대금이 약 700만 원 들었다. 그런데 이 가운데 절반은 로뎀나무교회의 협찬으로 진행되었다. 작은 교회 입장에서 결코 적은 금액이 아니지만, 기왕 일을 벌였으니 제대로 해보자는 마음이 성도들에게 있었고, 하여 만백성의 예산을 초과하는 공사를 위해 십시일반 특별헌금을 했던 것이다. 이 마음이 차고 넘쳐 나중에는 공사비가 남기까지 했다.

"자기 생업이 있음에도 불구하고 하나님이 주신 재능과 시간과 물질을 드려 묵묵히 헌신하는 사역자들을 지켜본 우리 성도들, 그때 그들이 배우고 도전받은 바가 있습니다. 드러내지 않는 섬김입니다. 그때부터 오른손이 한 일을 왼손이 모르게 하라는 신앙 원칙이 세워졌고, 이것이 지금까지 저희 교회 안에 흐르고 있습니다. 그래서 교회의 필요를 따라 헌물을 하고 구제할 때 무명으로 섬기는 분들이 많습니다."

그런 무명의 섬김 가운데 손신기 목사의 둘째딸 이야기는 특별하다. 초등학생이었던 그 아이가 만백성건축선교단의 헌신을 보며 감동했다.

그래서 자신도 무엇인가 드리고 싶어서 이리저리 살피니 저금통이 보였다. 어린 시절부터 용돈이 생기면 아끼고 아껴 모아둔 돈 80만 원, 이 적지 않은 돈을 교회 카펫 까는 데 주저 없이 드렸다. 지금 미국 유학을 준비하는 그 아이에게 평생의 간증거리로 남을 것이다. 단순한 사역 이상의 가치, 이것이 진정한 만백성의 힘 아닐까?

로뎀나무교회는 만백성 사역을 돕는 차원에서 5-6년간 선교비를 보냈다. 이 땅의 수많은 작은 교회, 그들 가운데 또 다른 감동과 간증이 있기를 소망하면서 말이다.

넓어진 길 따라

가장 문제가 되었던 좁은 골목길은 어떻게 됐을까? 만백성이 사역을 할 당시에는 뭘 어떻게 해볼 도리가 없었다. 상가와 상가 사이의 길이니 말이다. 그래서 좀 밝은 페인트를 칠한 것이 전부였다. 그런데 2-3년 뒤 기적이 일어났다. 교회 옆 상가 주인이 자신의 필요에 의해 길을 두 배 이상 넓혔다! 자신도 그 길을 영업상 이용해야 하는데, 영 불편했던지 자기 공간을 줄이면서까지 그렇게 한 것이다. 같은 사용자인 교회 입장에서는 손 안 대고 코 푼 격이 되었다.

그 주인은 알까? 영혼 구원을 위해 하나님이 자신의 마음을 감동시킨 것임을.

만백성건축선교단
로뎀나무교회 공사마감 예배

_「대한기독신문」, 2008년 4월 29일자

　평신도들로 주축이 된 만백성건축선교단(단장 하평수 집사)이 제15차 공사를 마감하고 로뎀나무교회(담임목사 손신기/국제바울선교회 실무총재)에서 19일 공사마감 감사예배를 드렸다.

　증가성결교회(담임목사 이정복) 성도들로 주축이 된 건축선교단은 미장, 목수, 전기, 페인트 등 건축의 기능을 가진 평신도들이 모여 1년에 네 차례씩 3천에서 4천만 원 가량 들어가는 교회건축을 선교회 회원들이 자비를 내고 일부 독지가의 후원도 얻어 5년 동안 14개 교회를 개보수하는 데 헌신했다.

　선교회 단원들은 현직 공사장에서 일하는 분들로 공사 결정이 되면 2주에서 3주 정도 돌아가며 시간을 내어 자신들이 회비를 내고 건축자재를 구입 헌신적으로 봉사한다. 이번에 15차 공사를 시작한 로뎀나무교회 경우도 건축선교단 전원이 자비로 60년 된 건물을 개보수하여 공사를 마감했다.

　올 8월에는 태안반도 기름 유출 사고로 개보수가 필요한 교회에 헌신하기

로 예정된 가운데 건축에 필요한 재정과 건축자재를 위해 기도하고 있다.

단장 하평수 집사는 "재정이 어려워 교회를 아름답게 만들고 싶어도 하지 못 하는 교회가 너무도 많다"고 말하고 "재정과 인력이 준비된다면 지금의 사업을 더 확대하고 싶다"는 포부를 밝힌다.

로뎀나무교회 손신기 목사는 "우리 교회 건물은 60년 된 건물로 너무 낡았는데, 이번에 아름다운 교회로 바뀌게 되어 너무 감사하다"고 말하고 "교회 건축이 시작되면 생업을 뒤로하고 헌신하는 3주간을 지켜보며 우리 교회 전 성도들이 힘을 얻고 저 또한 목회에 힘을 얻었다"고 피력했다.

로뎀나무교회 공사마감예배와 관련하여 사회 박병기 장로(선교단 고문), 기도 김일휘 장로(국내선교위원장), 설교 강종춘 목사(서울북지방회장), 축사 이명우 목사(강북감찰장), 격려사 조대성 목사(국제바울선교회장/I.T.F 태권도총재) 등이 등단하여 감사예배를 인도했다.

#14

종합사역의 결정판

방축도소망교회(16차 사역지)

전북 군산에서 배를 타고 1시간 30분 걸려야 도착할 수 있는 작은 섬 방축
도. 하루에 두 번 배가 들어오는 이곳은 주민이 57명밖에 되지 않는 전형
적인 낙도다. 공공시설이라곤 파출소와 발전소밖에 없다.

관광지도 아닌 한적한 섬마을에 복음의 망치질 소리가 울려 퍼지고 있다.
섬의 유일한 교회인 방축도소망교회에 건축 봉사자들이 찾으면서 마을
전체가 북적이고 있다.

방축도소망교회는 방축도의 유일한 문화 터전이자 복지 시설이다. 하지
만 교회는 조립식 건물로 20년이나 돼 쓰러지기 직전이었다. 마룻바닥은
썩었고 알루미늄 문짝은 '끼익--' 소음이 났다. 페인트는 시간의 흔적을
말해주듯 부풀어 올라 여기저기 뜯겨나간 상태다.

14년째 이 교회에서 사역하고 있는 엄재룡 목사(56)는 마을 주민의 절반을 전도했지만, 여름엔 찜통 겨울엔 냉장고가 되는 예배당 때문에 미안해서 고개를 들지 못했다. 하지만 최근 상황이 180도 달라졌다. 만백성건축선교단(단장 하평수)의 도움으로 교회는 방축도에서 가장 세련된 최신식 건물로 변신하고 있다.

만백성건축선교단은 지난 4일 이곳에 들어왔다. 2주간 진행되는 공사는 말이 리모델링이지 기둥만 빼고 모두 바꾸는 재건축에 가까웠다. 그렇다고 선교단이 돈을 받는 건 아니다. 자재비만 해도 2,500만 원이 들고 인건비까지 따지면 6,000만 원은 족히 드는 공사지만 모두 무료다. 선교단은 육지에서 200개의 공구와 철근, 시멘트, 합판, 단열재, 석고보드, 페인트, 카펫, 창틀, 전선 등 17톤의 자재를 배에 싣고 들어왔다.

10명의 선교단원과 30여 명의 교회 자원봉사자들은 66㎡의 예배당 안을 모두 철거하고 단열재를 넣어 이중벽을 설치했다. 전기 배선을 다시 깔고 전등과 콘센트, 스위치는 새것으로 달았다. 바닥은 우드타일을 깔고 창문도 직접 짜서 벽에 끼웠다. 내려앉은 강대상 바닥은 철제빔을 넣어 재시공하고 카펫을 깔았다. 지붕과 외벽도 방수 페인트로 도장했으며 10㎡의 기도실을 만들고 현관 입구도 증설했다. (중략)

30년간 설비업을 해온 임정식 씨(58)는 "솔직히 한창 일할 때라 하루 20만 원은 너끈히 받을 수 있기에 마음에 동요가 일 때도 있다"면서 "하지만 목사님과 성도들이 변화된 예배당을 보고 어쩔 줄 몰라 하는 모습을 생각하면서 톱과 망치를 잡는다"고 말했다.

건물 도장을 맡은 박병기 씨(64)는 "안전사고를 가장 조심한다. 늘 기도하는 심정으로 일한다"면서 "앞으로 건강이 허락되는 한 50개 교회를 더 돕고 싶다"고 말했다.

성전이 변하고 있는 모습을 보고 엄 목사는 눈물을 감추지 못했다. "정말 감사하고 기쁩니다. 새벽기도하는데 그만 눈물이…. 섬 교회의 아픔을 이렇게 싸매주시니 정말 감사합니다."

_「국민일보」, 2008년 8월 14일자

당시 백상현 기자가 방축도 현장까지 직접 방문하여 작성한 기사여서 현장감이 살아 있다. 무엇보다 필자의 글 목적에 잘 부합하기에 대부분 인용했다. 지역소개, 공사 전의 예배당 형편, 공사 내역, 참여한 사람들, 담임목사의 감사인사까지 잘 소개했다. 따라서 필자는 이 기사가 놓치고 있는 점만을 주목해 보고자 한다.

첫째, 공사 전의 교회는 바닥 침수로 가장 어려움을 겪었다. 비라도 오면 산에서 물이 내려왔고, 이것이 교회로 바로 침입했던 것이다.

둘째, 증가교회의 대대적인 지원을 꼽을 수 있다. 지금까지 열다섯 번의 사역을 진행했지만, 섬 사역은 처음이다. 가서 해야 할 일도 많았다. 교회 상황이 너무나 열악했기 때문이다. 또 사역 직전에 태풍이 불어 사택 일부가 파손됐다는 얘기도 들렸다.

따라서 증가교회는 그 어느 때보다 오래 준비했다(10개월). 가장 많은 재정(약 2,600만 원)에,* 가장 많은 사역자를 동원했다. 외부 참가자도 총동원했다(아현교회 권오근 임복록 김재석 집사, 장로교회 이영수 집사 등). 직전

---

* 이 재정에는 이전 사역지들의 마음도 들어 있다. 방축도소망교회 사역 소식을 들은 피파송교회 목회자가 후원회를 결성하여 다음과 같이 정성을 보내왔다. 창천교회 30만 원, 동산교회 35만 원, 일산한우리교회 30만 원, 장암예향교회 30만 원, 고양교회 30만 원, 로뎀나무교회 20만 원, 행신중앙교회 20만 원.

사역지인 동산교회 오현섭 목사는 사모까지 대동하여 일을 도왔다. 지난해 너무 고마워서다. 하루라도 왔다간 사람들까지 모두 합하면 235명이 참여했으니 전무후무다. 이들 모두를 먹여야 했으니, 따라간 취사부원들은 그 한여름에 얼마나 땀을 흘렸을까?

셋째, 이 사역에 증가교회 청년들 34명이 참가했다. 작년(2007년) 동산교회 사역에서 받은 감동을 되살려 2년 연속 만백성을 지원한 것이다 (8월 14-16일, 2박3일). 자신들만의 시간을 갖고 싶은 청년들에게 결코 쉽지 않은 일이다. 이들은 주로 토목공사(돌로 축대 쌓기, 기도실 건축 자리 언덕을 삽으로 파내기)와 성전 주변 풀베기, 땅 고르기, 해안가 쓰레기 줍기, 지역주민들의 노후 형광등 갈아주기 등, 자신들이 할 수 있는 분야의 일에 최선을 다했다. 연중 최대 행사인 수련회를 포기하고 여름철 땀 흘리는 선교를 택한 청년들, 하나님이 저들의 앞날을 시온의 대로처럼 열어주시기를 기도한다.

넷째, 증가교회는 이때 만백성 보수공사만 한 것이 아니다. 생활선교도 겸했다. 지역주민을 대상으로 발마사지와 이미용 봉사, 영정사진 촬영, 청년들의 전도용 성극공연까지 다채로운 활동을 펼쳤다.

일감을 일체 없게

만백성건축선교단 내에 기도팀(팀장 유은숙 권사)이 있다. 사역이 시작되기 전부터 사역기간 내내 중보기도를 하는 팀이다. 방축도소망교회 사

역 때도 마찬가지로 이 기도팀이 가동되었다. 그들의 기도제목을 잠시 들여다보자.

- 사역기간(2008년 8월 4-16일, 2주간) 중 순적한 날씨를 주시고 어떤 사고도 없게 하여 주시옵소서.
- 사역기간 중 실무자들의 일감을 일체 없게 하여 주시고, 사역 마감 후부터 일감이 넘치도록 축복해주시옵소서.
- 부족한 물자를 채워주시옵소서.
- 이번 16차 섬사역이 전국에 알려져서 '미자립 교회를 살리는' 건축선교에 뜻있는 교회가 동참하는 기회 되게 하여 주시옵소서.

위 신문기사에도 있지만, 전문기술자의 경우 하루 일당이 20만 원이라니, 이들이 두 주간의 생업을 내려놓기란 정말 쉽지 않은 문제다. 일이 없는 경우라면 모를까, 하던 일을 혹은 약속한 일을 뿌리치고 오기 쉽겠는가? 그러니 만백성 기도팀의 기도는 원천 봉쇄다. 아예 그 기간에 일감이 없게 해달라는 것이다. 일꾼 확보가 얼마나 간절했는지를 알 수 있게 한다.

그리고 전국적인 홍보도 간절히 기도한 것으로 보인다. 자신들의 얼굴이 드러나기를 원한 것이 아니다. 이 만백성의 섬 선교가 한국교회에 알려져서, 이 사역에 동참하는 교회가 점점 늘어나기를 바라고 있다. 이는 만백성건축선교단의 오랜 기도제목이었다.

"하나님, 한 교회의 평신도들이 감당하기에는 너무 힘겹습니다. 합력하여 선을 이룰 수 있는 길을 인도하여 주시옵소서."

생각지 않았던 후원자, 노시영 장로

사역지가 섬이다 보니 자재 조달이 원활하지 않을 수 있다. 특별히 예상치 못한 공사를 할 경우 인근에서 물자를 사와야 한다. 어느 날 강화유리와 방화문이 필요해졌고, 선교단이 군산까지 나가 마침 그 업종에 종사하는 노시영 장로(군산중동교회) 사무실로 찾아가 상황을 설명하니, 그런 일이라면 자신도 돕고 싶다며 필요한 자재를 헌물하였다(130만 원 상당).

군산중동교회는 고군산도 지역의 교회들과 인연이 깊다. 돌아가신 김용은 목사께서 오래 전부터 보살펴온 교회들이다. 그곳 섬 교역자들을 수시로 격려하고 필요한 것을 지원해온 교회, 그러니 노시영 장로 또한 방축도소망교회를 잘 알고 있었고, 서울에서 내려와 자비량으로 보수공사를 한다는 얘기에 감동하여 자신의 것을 기쁨으로 드린 것이다. 자재를 사러 갔다가 오히려 후원을 받고 돌아오는 선교단원들, 여호와 이레의 하나님을 찬양했으리라.

자재 실은 배가 고장 나

섬에서 하는 공사는 여러모로 번거로운 점이 많지만, 그 가운데서도 자재를 운반하는 것이 가장 중요한 과정이다. 배로 실어 와야 하기 때문에 싣고 내리는 작업도 보통이 아니고, 내려서도 다시 공사현장까지 옮기는 일이 남아 있다. 날씨도 문제다. 풍랑이 조금이라도 거세지면 배가 다닐 수 없다. 배가 오다가 고장이라도 나면…?

그랬다. 실제로 그런 일이 벌어졌다. 군산에서 방축도소망교회 사역을 위해 각종 건축자재를 잔뜩 실은 배가 오다가 멈춰버렸다. 엔진이 고장 난 것이다. 신시도교회 양환영 집사 배가 말이다. 엔진이 고장 나 바다 한가운데 떠 있는 배….

주변을 살펴보니 마침 바지선이 보였고, 일단 배가 떠내려가지 않도록 묶어두었다. 그러고 나서 양 집사는 기도하면서 엔진을 손보기 시작했다. 얼마나 당황스럽고 떨렸을까? 기도가 절로 나왔을 것이다.

"주님, 이 배는 낚시질이나 하러 가는 배가 아닙니다. 작은 교회를 살리러 가는 배입니다. 고쳐주옵소서. 엔진 고치는 이 손을 붙들어주옵소서."

만백성 사역을 기뻐하시는 하나님께서 은혜를 베푸셨고, 배는 한 시간 만에 다시 움직일 수 있었다. 항구에 도착하니, 이미 해는 저서 캄캄했다. 예상보다 늦은 도착에 걱정이 되어 나와 있는 사역자들, 조금 전의 상황을 전해 듣고는 모두 할렐루야로 영광을 돌렸다.

만백성건축선교단
방축도소망교회
무료로 수리

_「한국성결신문」, 2008년 8월 23일자

복음의 막노동꾼을 자처하는 증가교회(이정복 목사) 만백성건축선교단(하평수 장로)이 올 여름에는 군산 앞바다 방축도에서 구슬땀을 흘렸다. 작은 교회를 무료로 수리해온 만백성건축선교단은 지난 8월 4일부터 16일까지 약 2주간 방축도소망교회에서 성전 수리 활동을 벌였다. 방축도에 유일한 교회인 방축도소망교회는 20년 이상 된 조립식 건물이 낡아 대대적인 수리가 불가피했다. 그렇지만 작은 섬마을 교회로 성전 수리는 엄두도 내지 못하는 형편이었다.

이런 딱한 사연을 접한 만백성건축선교단은 2주간을 섬에 머물면서 복음의 망치를 두드리며 교회당을 전면 수리했다. 사실상 기둥만 빼고 모두 바꾸는 재건축에 가까운 큰 공사였다. 선교단 10명의 전문가들과 교회 자원봉사자 30명은 예배당 벽을 허물고 단열재를 넣어 이중벽을 설치했으며, 낡은 바닥과 창문을 모두 교환했다. 또 전기시설과 강단도 새롭게 리모델링했으며, 지방과 외벽 방수 공사, 기도실 및 현관을 새롭게 만들었다.

무엇보다 성전공사에 들어간 수천만 원 상당의 자재비와 인건비를 모두 선교단에서 부담했다. 육지에서 직접 모든 자재를 가져와 순수한 자비량 봉사로 성전 수리를 완성했다. 만백성건축선교단의 아름다운 봉사의 손길로 인해 다 쓰러져 가던 방축도소망교회는 새로운 모습으로 섬 주민들을 맞이할 수 있게 됐다.

방축도소망교회 엄재룡 목사는 "자신들의 시간과 생업을 포기하면서까지 성전 수리에 헌신해주신 선교단원들께 감사하다"면서 "남은 일을 잘 마무리해서 귀하게 사용하겠다"고 말했다.

증가교회 만백성건축선교단은 '매달 만 원씩 백명이 헌금해 성전을 아름답게 고치자'는 표어 아래 지난 2004년 출범, 지금까지 16개 교회를 수리했다.

#15

웃기만 잘해도
목회가 된다

새로운 실무팀장 신동민 집사

만백성건축선교단 초창기부터 자신
의 온몸을 아낌없이 드린 하평수 집사가 방축도소망교회 사역 후 쓰러
졌다. 오랜 지병이 그를 놓아주지 않았던 것이다. 그동안 고통을 참아가
며 헌신했지만, 그 이상은 무리였다.

만백성건축선교단은 선장 잃은 배처럼 잠시 표류하다가 2009년 10
월 제17차 사역(예수비전교회)을 재개했다. 실무팀장 없이 각 분야 전문
가들이 서로 협력하면서 한 주간의 사역을 마무리했던 것이다.

작은 교회를 향한 이들의 사랑에 하나님이 감동하셨던 것일까? 하나
님은 하평수 집사를 대신할 적임자를 준비하고 계셨다. 신동민 집사였
다. 그 또한 평생 건축과 인테리어 분야에 종사하던 사람인데, 하 집사의

소천 이후 주변의 권면으로 이 무거운 짐을 지기로 결단했다.

"이 땅의 들짐승도 자기 새끼는 먹여 살립니다. 우리 사람도 꼭 그렇지요. 그러나 그렇게 자기 가족만 잘 먹고 잘사는 것은 이 땅을 다스리라(보살피라)는 하나님의 명령을 역행하는 것 아닐까요? 만백성을 통해 직접 몸으로 봉사함으로써 참 봉사의 의미도 깨닫고, 교회를 다니는 교인에서 하나님을 믿는 성도로 바뀌는 일에 미력이나마 보태고 싶더군요."

한 번만 하고 그만두려 했다

그렇게 해서 시작한 신동민 집사의 첫 사역이 2011년 11월, 제18차 고양예향교회다. (이 교회의 안타까운 이야기는 앞서 전한 바 있다. 교회가 경매로 넘어가고, 목회자의 행방이 묘연하기에 제대로 된 기록을 남길 수 없다.) 그런데 이 첫 사역이 마지막이 될 뻔했다. 너무 어려움이 많았기 때문에, 이번만 하고 그만둔다고 마음먹었단다. 그를 힘들게 했던 것이 무엇일까?

① 도와주는 팀이 별로 없었다.
② 지난 5-6년간 누적된 육체적 심적 피로가 한꺼번에 몰려왔다. 열정을 앞세우다 보니 그동안 종종 너무 늦은 시간까지 일을 해야 했고, 몸을 부딪치며 하는 일이라 여러 이유로 마음의 상처가 쌓여온 것이, 새로 시작하는 실무팀장에게는 커다란 장애물이었다.

③ 변변한 공구가 없었다. 신동민 집사는 이 점을 가장 염려했다. 건축 사역을 열일곱 번이나 했던 선교단에 제대로 된 망치 하나 없다는 것이 말이 되는가?

사실 지금까지는 사역자가 본인의 공구를 들고 왔다. 하평수 집사가 남긴 사역 기록 가운데는 공구 임대료를 상계한 대목이 등장한다. 예컨대 직전 사역지인 방축도소망교회 결산서에 보면, 그가 자신의 이름으로 종합공구 250여 종을 임대 후원한 것으로 기록하고, 그 대금을 1일 30만 원, 총 330만 원으로 잡고 있다. 실제로 돈이 나간 것은 아니지만, 사실 이것도 비용으로 잡아야 정확한 전체 금액이 나온다는 취지에서였을 것이다. 그리고 어쩌면 자신은 이렇게 하지만, 훗날 만백성건축선교단에 여력이 생긴다면 선교단의 공구를 마련해야 한다는 뜻으로 읽는다면 오독(誤讀)일까?

어쨌든 자기 손에 익숙한 공구를 쓴다는 것은 분명 장점이다. 하지만 기술자에게 공구는 생명이나 다름없는데, 이것이 사역 중 고장이라도 나면 어떻게 하는가? 그는 말도 못 하고 쓰린 속을 달래야 한다. 물어내라 할 수도 없고….

그 환한 미소에 끌려

한 번만 하고 그만두려 했던 신동민 집사, 그런데 모든 공사가 끝나고 마

감감사예배 때 앞으로 나가 사역보고를 하는데, 담임 백운주 목사가 눈에 들어왔다. 자신을 바라보며 너무도 환하게 웃는 그 모습이 그 시간 이후에도 잊히지 않았다.

'저렇게 좋아하시는데….'

'어떻게 하지?'

그러면서 점점 만백성 사역을 다시 한번 생각하게 되었고, 지금까지 감당하고 있단다. 환한 미소 하나로 사람 마음을 산 것이니, 이런 명제가 가능할 것 같다.

웃기만 잘해도 목회가 된다!

마음을 고쳐먹고 나니, 그동안 문제라고 생각했던 부분들에 대한 해결책이 조금씩 보이기 시작했다. 단장과 선교위원회의 협력을 통해 흩어진 조직을 재정비해 나갔고, 피로도 높은 사역은 적극 지양했다. 일하다가도 오후 6시만 되면 무조건 작업을 중단하고 철수시켰다.

공구가 문제였는데, 단원들과 뜻을 모아 선교위원장(당시 오인환 장로) 앞으로 공문을 보냈다. 제목이 길다. '만백성건축선교 봉사에 따른 기본 공구류 구입비 예산 청구 건.' 한 마디로 '공구 좀 사주세요'다.

> 그간 만백성 건축선교를 진행하면서 개인 소유의 공구류를 사용해왔습니다. 그런데 공구의 고장으로 인해 자신의 생업에 지장을 받는 모습을 보며 대책을 강구하면서, 기본 공구류 구입의 필요성을 느끼게 되었습니다. 아래에 견적 내역을 첨부하오니 살피시고 재가하여 주시기 바랍니다.

때가 무르익었던 것일까? 감사하게도 선교위원회와 당회의 결의가 났고, 곧바로 기본 공구를 구입했다. (당시 견적 총금액이 1,215,500원이었다. 그야말로 기본적인 것만 구입했다. 이후에도 필요한 연장은 계속 구입했고, 지금은 웬만한 것은 다 갖추고 있다.) 이어 공구를 보관할 공간이 생겼고(부목사 사택 1층), 자신의 공구를 선교회에 기증하는 사람도 생겨났다(이건수 장로).

이렇게 하여 모든 준비는 끝났다. 이제 새로운 선장과 더불어 만백성호는 제2기의 바다를 향해 힘차게 헤엄쳐 나가기 시작했다.

오병이어의 기적을
다시 보여주신 하나님

_노경섭 장로

중학교 3학년 즈음 주님의 사랑과 은혜를 처음 만났습니다. 시유지에 무허가 천막을 치고 중고 탁자를 강대상으로 하여 예배를 드리는 개척교회였습니다. 그래서인지 미자립 교회를 바라보는 제 마음은 남다른 감회가 있습니다.

장로 장립을 받은 얼마 되지 않은 2003년경, 김OO 집사님이 저를 찾아와 뜻있는 성도 몇이 십시일반으로 작은 교회를 보수하는 사역을 시작하기로 했는데 이왕이면 당회의 허락을 받고 교회 차원에서 사역했으면 좋겠다고 하셨습니다. 그래서 함께 계획서를 검토하고 진행했지요. 만백성건축선교단의 시작은 한 아이가 가지고 있던 보리빵 다섯 개와 물고기 두 마리처럼 보잘것없었습니다. 그러나 성도님의 만 원의 헌신은 15년이 지난 지금도 기적을 일으키고 있습니다. 작은 교회의 목회자와 성도에게 희망과 기쁨을 드리고 있는 것입니다.

자립한 교회는 미자립한 작은 교회를 돌볼 책임이 있다고 생각합니다. 교회의 처한 여건에 따라 작은 교회를 돌보는 조그마한 사역이 이곳저곳에서 시작되기를 기대합니다.

하평수 만백성건축선교단장
15번째 사역 중 쓰러져 병원 신세

_「국민일보」, 2009년 8월 16일자

하평수 씨(57 · 서울 증가성결교회 집사, 만백성건축선교단장)를 처음 만난 것은 2005년이다. 경기도 고양시의 한 지하 교회 공사현장에서 그는 먼지를 뒤집어쓴 채 일에 몰두하고 있었다. 1980년대 중동지역 건설 노동자로 일하다 1993년 기독교대한성결교회 교단 신학교까지 졸업한 그가 빗물이 새고 마룻바닥이 썩어 들어가며 단열도 안 되는 미자립 교회를 돌본 이유는 간단했다. 황폐한 예루살렘의 현실을 개탄하며 성전과 성벽 재건에 열심이었던 느헤미야와 비슷한 심정이 있었다고 했다.

그를 두 번째로 만난 것은 지난해 8월 전북 군산시 방축도에서다. 군산항에서 배로 1시간 30분 걸려야 갈 수 있는 외딴 섬 교회를 고치기 위해 그는 목수와 전기기술자 등 자원봉사자들과 함께 27톤의 자재를 싣고 들어갔다. 뼈대만 남기고 썩은 마룻바닥을 모두 걷어낸 뒤 바닥에 우드타일을 깔고 이중벽을 설치했다. 전기시설을 새로 하고 페인트칠을 다시 했다. 2주 만에 교회는 섬에서 가장 최신식 건물로 변신했다.

모두들 미쳤다고 했다. 복음에 미치지 않고는 도저히 불가능한 일이었다. 월급이 나오는 것도 아니었고, 교회에서 인정을 받는 것은 더더욱 아니었다. 후원을 받아 공사하면서 돈이 모자라면 없는 살림에 사재까지 털었다. 2004년부터 16개 미자립 교회를 고쳐줬다. 공사비만 해도 3억 7000만 원에 이른다. 거기다 주변의 반대도 만만찮았다. 고독한 일이었다.

그로부터 딱 1년 뒤다. 15일 그를 병원에서 만났다. 미자립 교회를 수리하며 땀을 뻘뻘 흘리던 그는 침대에 맥없이 누워 있었다. 얼굴은 누렇게 떴고 몸집은 왜소해 보였다. 그는 지난해 초 15번째 교회를 고치다 쓰러졌다. 몸살감기가 와서 그런가보다 하고 그냥 지나친 게 화근이었다. 방축도에 다녀온 9월부턴 식사도 못 하고 앓아누웠다. 응급실에 실려가길 수차례. 심장이 요동쳤으나 원인을 찾지 못했다. 하루에도 몇 번씩 털썩 주저앉았다. 수개월 동안 병원을 전전하다가 결국 결핵종을 발견했다. 병원비를 대느라 전셋집은 사글세방으로 바뀌었다. 지금은 고혈압 약과 종양 억제제, 기관지 확장약 등 끼니마다 한 움큼의 알약을 먹는다.

"지금까지 미자립 교회를 도울 수 있었던 것은 오직 하나님의 은혜였습니다. 하지만 아내와 아이들에겐 무척 미안해요. 허허. 누굴 원망하겠습니까. 내가 좋아서 한 일인데…."

다행히 그의 딱한 사연은 지난달 서울시 방배동 강남의림한방병원에 알려졌다. 매달 입원비가 250만 원이 넘지만 그의 사정을 전해들은 병원은 약값만 받기로 했다. 하지만 수입이 변변치 않은 그에겐 이마저도 부담이다. 이 병원 배철환 원장은 "하씨가 병원에 처음 왔을 땐 몸속 에너지가 완전히 고갈된 상태였으며, 고된 노동으로 몸이 심하게 망가져 있었다"면서 "체질에 맞는 보약과 침 치료로 차츰 건강을 회복하고 있다"고 설명했다.

그는 매일 병원에서 열리는 새벽기도회에 참여하고 있으며, 오후 8시에는 환자들을 모아 기도모임을 이끌고 있다. "몸만 나으면 지금이라도 당장 현장으로 달려가고 싶어요. 미자립 교회 목사님들이 얼마나 다급하면 병원에 있는데도 도와달라는 전화를 하겠어요. 퇴원 후엔 사역을 초교파적으로 확대시키는 게 꿈이에요. 북한교회 재건도요."

온몸으로 신앙을 실천하다 쓰러진 상태서도 어려운 교회와 목회자들을 걱정하는 그에게서 진정한 그리스도인의 면모를 느낄 수 있었다.

#16

헌신을 배웠어요

문정교회(19차 사역지)

옛날에 여우와 원숭이와 토끼가 살았다. 그런데 어느 날 아랫마을에 부처
가 오셨다는 말을 듣고 서로 다퉜다.

"나는 그동안 부처님의 말씀대로 착하게 살았어. 이 산에서 내가 가장 열심
히 부처님의 말씀을 따랐을 거야!"

"아냐, 하루도 빼놓지 않고 불공을 드린 사람은 나야. 내가 최고야!"

"무슨 소리? 나는 부처님의 말씀을 줄줄 외운다고…."

결국 이 세 짐승은 다툼 끝에 마을로 내려가, 누가 가장 부처의 뜻을 잘 따
랐는지 판가름해 달라고 했다. 그런데 부처는 대답대신 엉뚱한 말을 했다.

"내가 먼 길을 와서 그런지 시장기가 도는구나."

이 말이 끝나기가 무섭게 여우는 냇가로 가서 커다란 잉어를 한 마리 물고 왔다. 원숭이도 이에 질세라 숲에 가서 온갖 과일을 잔뜩 따 왔다. 그런데 토끼는 빈손으로 돌아왔다. 이를 이상하게 여긴 부처가 물었다.

"토끼야, 너는 왜 아무것도 가져오질 않았느냐?"

"잠시만 기다리십시오."

토끼는 대답을 하고, 마른 장작을 한아름 들고 와서 불을 피웠다. 불이 활활 타오르자 토끼는 "저는 여우처럼 물고기를 잡아오지도 못 하고, 원숭이처럼 나무를 탈 재주도 없습니다. 그러니 잘 익거든 제 고기를 드십시오"하더니 불 속으로 뛰어들었다. 깜짝 놀란 부처가 재빨리 불 속의 토끼를 꺼내면서 말했다.

"토끼야, 바로 그거다. 자신을 바쳐서 남에게 헌신하는 그 자세가 바로 나의 가르침이니라. 내 너를 모든 사람이 우러러볼 수 있도록 달나라에 보내겠노라."

시인 김광섭의 〈헌신〉이란 시를 이야기로 풀어놓은 글이다. 불교적 색채이긴 하나 유머도 있고, 헌신이 무엇인지 생각하게도 한다. "잘 익거든 제 고기를 드십시오."이 시의 백미(白眉)다.

봉사를 배우다

그렇다. 주님의 일은 말로만 하는 것이 아니다. 자신을 드리는 헌신이 있어야 감동이 있고, 그 감동이 또 다른 열매를 맺는다.

파주시 문산읍에 위치한 문정교회는 신앙생활을 처음 시작한 사람이 절반을 넘고, 대부분 직장생활을 하고 있다. 시간을 내어 주님과 교회를 위해 봉사할 여력이 없는 사람들, 신앙이 생기고 열심이 생기기는 했지만 무엇을 어떻게 해야 할지 망설이는 사람들이었는데, 만백성건축선교단의 사역은 그들에게 섬김의 모범을 보여주었다.

"만백성의 건축사역을 통해 우리 성도들이 '주님께 드리는 헌신이 이런 것이구나! 봉사는 이렇게 하는 것이구나!' 하는 것을 깨달은 것은 정말 큰 축복이었습니다. 남의 교회를 위해 자신의 재능과 땀과 시간과 물질을 드려 봉사하는 사역자들, 그리고 말없이 최선을 다해 자신이 할 수 있는 일을 찾아 자발적으로 분주하게 움직이는 이들(문정교회 사역에 참여한 사람은 총 79명이다)을 옆에서 지켜본 성도들은 큰 감동과 도전을 받았습니다."

여력이 없다고 생각했던 사람들이 달라졌다. 성도들끼리 서로 연락해, 직장이 끝나면 교회에 와서 쓰레기를 줍고 간식을 사오기 시작했다. 뭐라도 하나 더 도울 일이 없는가 스스로 찾기 시작했다. 어떤 훈련과 교육으로 이런 변화를 일으킬 수 있을까? 만백성의 사역은 "성도들이 그 스스로에게 놀라며 사랑으로 하나 되는 시간이었다"고 임찬희 목사는 말했다. 이것이 만백성 사역으로 얻은 가장 큰 수확이었다고 말이다.

더 기쁜 것은 그렇게 배운 봉사의 지평을 넓혀 다른 약한 교회를 돕고자 하는 마음이 성도들 가운데 생겨났고, 안수집사 가운데 한 사람(정금조)은 자신도 자기 재능을 기부하겠다며 만백성건축선교단에 지원했다. 도배와 장판 일을 주로 하던 정 집사, 그는 이후 틈틈이 만백성 사역현장으로 달려가고 있다. 그리고 임찬희 목사 또한 그 현장으로 달려가 한 끼 식사라도 대접하며 사랑의 격려를 아끼지 않는다.

콤프레샤가 고장났다

임찬희 목사의 모교회였던 동북교회 어느 집사의 주선으로 만백성건축선교단과 연결되어, 2012년 5월 22일부터 한 주간의 사역이 시작되었다. 공사는 주로 교육관과 사택에 집중되었다. 교육관 내부 사무실 철거를 시작으로, 내부 전체 석고보드 목공 인테리어, 도배와 장판공사, 지붕 방수공사, 전기공사, 창틀 설치 및 실리콘 작업, 철대문 페인팅을 했다. 그리고 방바닥이 내려앉아 비가 오면 물이 들어와 난방이 잘 안 되고, 또

습기로 인해 곰팡이와 악취로 불편을 겪던 사택에는 미장공사와 전기 패널공사로 문제를 해결했다.

그런데 공사 도중에 문제가 발생했다. 콤프레샤가 고장이 난 것이다. 공기를 압축하여 각종 작업에 응용하는 기계인데, 공사 전(全) 과정에 없어서는 안 될 이 공구가 망가졌으니 모두들 당황스러워할 수밖에.

상황을 파악한 임찬희 목사가 나섰다. 저희 교회가 사드리겠다고, 제일 좋은 것으로 하나 사시라고. 사실 임 목사는 이 공구가 망가지기 전에도 선교단을 위해 뭐라도 하나 해드리고 싶었단다. 일할 때 땀을 많이 흘리시니 수건이나 티셔츠라도 넉넉히 해드릴까 고민 중이었는데, 콤프레샤가 고장 난 것을 보면서 '잘됐다. 이게 기회다!' 하며 마음을 먹은 것이다.

이렇게 하여 콤프레샤가 새로 장만되었다. 그러면서 자연히 증가교회 안에 공구실이 생기게 되었고, 그때까지 개인 공구를 주로 사용하는 시스템에서 만백성 자체 공구를 구입하게 되는 계기가 마련되었다. 사건은 있었고 당황스럽기는 했으나, 결과적으로 합력하여 선을 이루시는 하나님의 섭리를 본다.

공사를 마친 교육관은 현재 교회학교 예배실 및 주방으로 사용되고 있다. 사무실이 철거되어 널찍한 공간, 환한 조명, 깨끗하고 따뜻한 환경이 되었다. 아이들이 소리 지르며 마음껏 뛰어논다. 임 목사는 그 시끌벅적한 웃음소리를 들을 때마다 만백성 사역자들의 얼굴이 떠오른단다. 그리고 속으로 외친다. "감사해요, 여러분."

그해 겨울은 따뜻했네

새창조교회(20차 사역지)

군 복무 시절 혹한기 훈련 때, 낮에는 산과 들에서 이런저런 훈련을 하다가 밤에는 산 밑자락 평평한 곳에 텐트를 치고 잠을 잔다. 군화만 벗고 옷 입은 그대로 모포만 뒤집어쓰고 눕는다. 몸을 잔뜩 웅크리고 체온에 의지해 뒤척이다 보면 아침이다. 잠을 잔 것 같지도 않다. 필자는 지금도 그때를 생각하면 속부터 추워진다.

너무 추웠어요

경희대학교와 외국어대학교 인근 대로변 건물 4층, 새창조교회가 자리

잡은 곳이다. 윤유섭 목사가 2009년 8월에 개척했으며, 만백성과 연결될 당시 교회학교 출석인원이 30-40명에 이를 정도로 교회는 활기가 넘쳤다. 넉넉한 살림은 아니지만, 축구부를 중심으로 한 문화사역에 관심을 가지고 각종 지원을 아끼지 않은 덕분이다.

그런데 문제는 건물이었다. 너무 오래되었다. 지은 지 40년이나 되었으니 단열은 언감생심(焉敢生心)! 이름하여 '외벽건물'이다. 가만히 있으면 냉기가 뼛속까지 들어온다. 온풍기를 틀어도 어느 온도 이상 올라가지 않는다. 설정된 온도에서 잠시라도 쉬어야 할 온풍기가 그 온도까지 오르지 않으니 계속 돌아간다. 과부하가 걸리고, 여차하면 수리기사를 불러야 한다. 그러니 난방을 하기도 겁난다. 그래서 어른 예배 때는 '그냥' 드린다. 기름값도 무섭고….

예배당 뒤편에 사택이 있다. 춥기는 매한가지다. 바깥 온도보다 조금 나은 정도라고나 할까? 모시고 사는 어머니, 윤유섭 목사 부부, 아이들 모두 동상(凍傷)은 그저 운명이려니 하고 살았다.

그렇게 추운 곳에서 억지 잠을 청해야 하니, 자신도 모르게 이를 악물고 잤나 보다. 그러기를 여러 해, 어느 날부턴가 턱에서 소리가 났다. 입만 벌리면 '뚝뚝' 거렸다. 밥 먹을 때도 뚝, 찬송 부를 때도 뚝, 기도하다가도 뚝, 정말 미치겠는 것은 설교할 때다. 입 모양이 조금이라도 커질라치면 뚝뚝거리는 통에, 말씀 증거에 집중력을 잃었다.

양방도 한방도 소용없었다. 추운 곳에 너무 오래 노출되어 그렇다는 것까지는 알게 됐으나, 양쪽 처방이 다 효과가 없었다.

그러던 어느 날 새벽예배를 마치고 강단에 엎드려 기도하는데, 눈물이 왈칵 쏟아졌다.

"개척자는 이렇게 힘들어야 합니까?"

"병이 났는데 고치지도 못한다니 너무 힘들어요, 하나님!"

"하나님이 낫게 해주세요. 세상 의사가 못 고친다니, 하나님 '아버지' 가 고쳐주세요. 이 자식이 고침을 받아야 목회가 됩니다. 자기 병도 못 고치면서 누구보고 고침받으라고 하겠습니까?"

윤유섭 목사는 자기 손을 턱에다 대고 간절히 구했다. 그런데 기적이 일어났다. 손 댄 부위가 뜨거워지기 시작했다. 한참을 그렇게 있었다. 어떻게 됐을까? 턱관절이 조금 부드러워졌다. 그렇게 조금씩 변화를 느끼며 날마다 매달리던 어느 날, 완전히 자유함을 얻었다. 할렐루야!

급하면 또 급하게 응답하시는 하나님

2012년 11월 19일부터 한 주간의 사역이 시작되었다. 추위가 가장 큰 문제였기에 공사는 여기에 집중되었다. 교회와 사택 벽면 이중방음과 단열공사, 하이새시 창문 추가공사, 교회 벽면의 목공 인테리어 작업, 교회 중앙부와 현관에 이중 출입문 설치. 그 외에도 수도배관공사, 화장실 온수기와 비데기 설치, 좌변기 수리공사, 각종 전기와 조명공사, 페인트 칠, 친교실(다용도실)을 새로 꾸미기도 하였다.

이 다용도실을 새로 만드는 과정에서 건물주와 약간의 마찰이 있었다. 4층이 원래 옥상층이어서 성전 옆에 빈 공간이 마당처럼 있었다. 이곳에다 다용도실을 만들면 식사도 하고 친교 프로그램도 진행할 수 있겠다 싶어 한참 공사를 진행하고 있었는데, 어느 날 건물주가 와서 보더니 다 부수라고 하는 것이 아닌가? 남의 건물에 허락도 없이 설치하면 안 된다는 것이다.

식당이 없어 겨울과 여름에는 성전에서 봄가을에는 그 마당에서 천막 치고 돗자리 깔고 식사를 하고, 수도시설이 없어 화장실에서 설거지를 해야 하는 형편이 안쓰러워 이것만큼은 꼭 설치하고 싶었는데, 주인이 강경하게 나왔다.

그리스도인의 최대 무기, 기도밖에 없었다. 담임 윤유섭 목사와 만백성 단원들은 하나님께 간절히 호소했다.

"개척교회 형편에 이번이 아니면 언제 또 이런 공사 기회를 얻겠습니까? 하나님 우리는 이 공간이 너무나 필요합니다. 못 하실 일 전혀 없으신 하나님께서 건물주의 마음을 돌려주시옵소서. 그것도 지체 없이 돌려주셔야 작업에 차질이 없습니다, 하나님!"

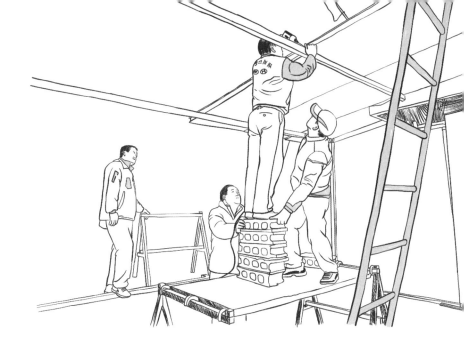

놀라운 일이 발생했다. 기적이 일어났다. 건물주가 마음을 고쳐먹은 것이다. 기왕에 시작한 일이니, 그대로 진행하라고 말이다. 급하면 또 급하게 응답하시는 하나님, 정말 멋진 하나님이시다.

"그해 겨울부터 지금까지 예배당과 사택이 너무 따뜻합니다. 연료비도 많이 절약됐고요. 무엇보다 새로운 마음으로 지역 복음화와 문화사역에 매진할 수 있는 계기를 얻은 것이 기쁘고 감사했습니다. 개척 당시에는 어린이 선교에 집중했는데, 만백성의 사랑을 받은 이후 하나님이 어른 성도들도 보내주셔서 조금씩 자리를 잡아가고 있습니다. 주변에 큰 교회들이 많이 있지만, 앞으로 새창조교회는 좋은 이미지 속에서 우리 교회가 감당할 수 있는 일을 극대화해 나갈 것입니다."

증가교회 만백성건축선교단
20번째 섬김, 새창조교회

_「한국성결신문」, 2012년 12월 7일자

증가교회(백운주 목사) 만백성건축선교단(단장 김영래 집사)이 20번째 사역으로 서울중앙지방 새창조교회(윤유섭 목사)를 섬겼다. '만 원의 헌금과 백 가정의 헌신으로 성전을 아름답게'란 뜻을 가진 만백성건축선교단은 지난 11월 19일부터 23일까지 새창조교회에서 성전과 사택 수리 활동을 벌였다.

새창조교회는 지난 2009년 8월 개척되었으나 마땅한 주방시설이 없어 식기를 박스에 담아 놓고 사용하고 있었으며 교회 내에 수도시설이 설치되지 않아 화장실에서 설거지를 하고 있었다. 그러나 재정적인 어려움을 겪으며 월세와 전기세, 연료비, 생활비 등도 제대로 지급하지 못 하는 교회 형편상 수리는 엄두도 내지 못 하는 상황이었다.

이런 상황을 들은 만백성건축선교단은 1주일 동안 망치를 두드리며 교회당을 전면 수리했다. 자원봉사자 56명은 예배당 벽을 허물고 단열재를 넣어

이중벽을 설치했으며, 사택 창문에도 하이새시 창문을 설치했다.

성전벽면과 중앙부에는 목공 인테리어 작업을 실시했으며 수도배관과 온수기, 비데 및 좌변기 설치를 통해 주방과 화장실도 새롭게 꾸몄다. 다용도실에는 샌드위치패널을 덧붙여 더욱 튼튼하고 방음이 잘 되도록 했으며 전기배선, 콘센트, 스위치, 형광등 등 전체 전기공사도 다시 점검했다. 이와 함께 증가교회 남·여전도회는 식사 준비를 맡는 등 성전 수리에 모든 대원들과 교인들이 힘을 모았다.

또 만백성건축선교단은 지난 11월 24일 공사마감 감사예배를 드리고 공사 완공의 기쁨을 함께 나눴다. 이날 예배는 윤유섭 목사의 사회로 임종현 장로(만백성건축선교단 제1대 단장)의 기도, 백운주 목사의 설교, 박희수 목사(명광교회)와 박명철 목사의 축사와 격려사, 윤의광 목사(예루살렘교회)의 축도로 진행되었다.

#18

또 주셨다

힘찬교회(22차 사역지)

힘찬교회는 2009년 4월 남양주 마석 지역에 서울중앙지방회 기념교회로 세워지게 되었다. 임태석 목사가 교단 총회본부 간사로 청년 시절을 보내고, 교단에서 운영하는 교회개척훈련원을 마친 후, 아무도 아는 사람 없던 남양주에 교회를 개척하게 된 것은 전적인 하나님의 이끄심이었다.

마석은 개발이 한창 진행 중인 신도시이지만, 힘찬교회는 신도시에서 약간 벗어나 교통이며 여러 가지 환경이 좋지 못한 상황이었다. 1층에는 방앗간과 슈퍼마켓, 2층에는 헬스장이 있는 건물 3층을 힘찬교회가 예배당과 사무실로 사용하고 있었는데, 전반적으로 건물이 낡고 계단의 경사가 급해 어르신들이 힘들어했다. 전도를 해도 정착이 잘 안 되는 아쉬움이 많았다.

초창기 신자는 가족과 시골 할머니 몇 분이 전부였지만, 그럼에도 불구하고 열심히 선교, 교육, 봉사활동을 지역사회에 펼쳐갔다. 그런데 시간이 지날수록 건물이 문제였다. 겨울에는 너무 추웠고, 장마철에는 천장에서 비가 새는 일이 잦았다. 건물주와 상의하여 대대적으로 수리를 하면 어떨까 고민하며 기도하던 차에, 2층 헬스장이 나간다는 소식이 들려왔다. 비가 새고 습기가 차니 운동기구가 하나둘 망가졌고, 더 이상 영업을 할 수 없었던 것이다.

2층을 주옵소서

이것이 무슨 일일까? 수리를 고민하고 있던 임태석 목사에게 이 소식은 하늘의 계시(?)로 들렸다. 예배당 수리도 급한 문제였지만 수리를 해도 3층이기에 생긴 전도 한계성이 사라지는 것도 아니어서, 이 기회에 2층까지 얻는 것이 좋겠다는 판단이 선 것이다. 건물주를 만났고, 사정 얘기를 했다. 그랬더니 보증금 1천만 원에 월세 80만을 제시했다. 그러면서 주인은 전세로도 가능한데, 9천만 원을 달라고 했다.

9천만 원! 도저히 어려웠다. 그러나 힘찬교회를 향한 하나님의 뜻이 어디 있는지 묻고 싶었다. 아니 물어야 했다. 1주일 금식을 작정하고 기도원으로 발길을 향했다.

"주님, 2층을 주옵소서."

"지금 우리 형편으로는 불가능한 금액입니다. 어찌해야 합니까?"

"주님, 제가 살고 있는 사택을 드리오니, 나머지는 하나님이 해결하여 주옵소서."

그렇게 며칠을 매달리며 울고 있을 때, 아내에게서 전화가 왔다. 우리 교인도 아닌 어느 권사께서 5천만 원을 헌금하고 가셨다는 것이다. 이분은 다른 장로교회 신자였는데, 힘찬교회에서 새벽예배만 드리던 분이다. 그런데 교회의 어려운 문제를 접하고 기도하는 가운데, 마침 그 당시 팔린 땅 매매대금 거의 전부를 바친 것이다.

"그가 밭이 있으매 팔아 값을 가지고 사도들의 발 앞에 두니라"(행 4:37) 하신 말씀을 생각나게 한다. 착한 사람 바나바, 그는 재물에 대한 애착을 뒤로하고 주님과 복음을 위해 자신의 옥합을 깨뜨렸고, 그것으로 사도들이 각 사람의 필요를 따라 나눠주었다. 힘찬교회를 도운 그 이름 모를 권사, 바로 이 시대의 바나바가 아닐까?

사택 전세금 4천만 원, 그 권사의 헌금 5천만 원. 합 9천만 원! 이렇게 정확할 수도 있을까? 하나님의 뜻을 확신한 임태석 목사는 건물주를 찾아가 다시 한번 사정하는 가운데 전세금을 8천만 원으로 낮출 수 있었다. 사택을 3층으로 옮기고 2층을 예배당으로 꾸미려면 이사도 해야 하고 아무리 안한다고 해도 약간의 공사비는 들 터. 그런데 1천만 원으로 2-3층 전부를 수리한다는 것은 역부족이었다. 당시 개척 3년차, 10여 명의 성도로는 도무지 답이 나오지 않았다. 또다시 하나님께 떼를 쓰며 기도했고, 하나님은 "할 수 있거든이 무슨 말이냐 믿는 자에게는 능치 못할 일이 없느니라"(막 9:23), "사람으로는 할 수 없으되 하나님으로서는

다 할 수 있느니라"(마 19:26) 하고 응답하셨다.

뜻이 있는 곳에 길이 있는 법! 그 무렵 인터넷을 통해 만백성건축선교단을 알게 되었다. 너무 반가운 마음에 즉시 신청서를 보냈고, 그날부터 아이들까지 온 교인이 저녁기도회를 시작했다. 얼마 후 증가교회로부터 기쁜 소식이 들려왔다. 말씀으로 주신 응답, 그대로 이루어진 것이다.

2층 공사 일정에 3층까지 끝내다

2013년 5월 27일부터 한 주간의 사역이 시작되었다. 2층 50평의 공간을 새로운 예배당으로 바꾸어야 했으니, 그 공사 규모가 만만치 않았다. 강단공사, 천장공사, 벽 이중단열과 방음 인테리어, 페인트공사, 도배와 바닥 데코타일 공사(이 일은 이전 사역지였던 문정교회 정금조 안수집사가 맡아 수고했다), 설비, 미장, 창호공사, 전체 전기배선공사, 선팅교체공사, 특별히 비가 새는 것이 문제였으니 방수에도 신경을 썼다.

원래 만백성건축선교단에 요청한 것은 2층 리모델링이다. 그럼 3층 수리는 어떻게 했을까? 임태석 목사의 말을 들어보자.

"낮에 만백성 사역자들이 2층에서 공사를 하는 동안, 저와 저희 성도들은 3층에서 나름대로 공사를 진행했습니다. 사택이 들어와야 했기 때문에 칸막이라도 해야 했거든요. 2층도 50평 공사라서 비용이 많이 들어가는데, 염치없이 3층까지 해달라고 할 수가 없었습니다. 그래서 못 하는 일이지만,

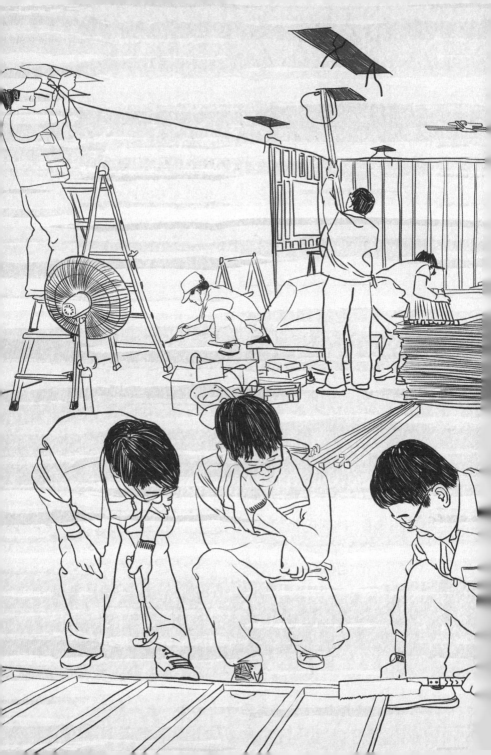

낮에 쓰시던 공구들을 가져와 밤을 새워가며 보수에 매달렸습니다. 그런 저희의 열심에 감동하셨는지, 만백성 사역자들이 틈틈이 도배며 출입문이며 도와주셔서 2층 공사 일정에 맞추어 3층까지 다 끝낼 수 있었습니다. 느헤미야가 낮에는 일하고 밤에는 보초를 섰다죠? 그 심정으로 집중했던 것 같습니다."

2층만 해도 벅찬데, 3층까지 끝내려고 애를 쓰는 목회자를 보니 만백성 사역자들이 꽤 안쓰러웠던 모양이다. 시간 나는 대로 도움을 주었다니 말이다. 집을 비우고 3층으로 이사를 와야 잔금이 치러지니, 임 목사 입장에서도 절박한 상황이었으리라.

만백성 사역이 진행되는 중에 좋은 소식을 듣게 되었다. 얼마 전에 교회 옆 공터에 누가 바리게이트를 치기에 무슨 공사를 하려나 했는데, 알고 보니 큰 마트가 들어선다는 것이다. 마트가 들어서면 교회 앞으로 사람들이 많이 지나다니게 될 것이고, 이는 자연스러운 교회 홍보와 더불어 그간 아쉬웠던 주차공간 문제도 해결될 것이기 때문이었다. 무엇보다 유동인구가 많아지면 임대료가 높아지는데, 다행히 마트 공사 이전에 2층을 저렴하게 얻었다. 하나님의 섬세한 배려에 감사가 절로 나왔다.

주셨다! 또 주셨다!

모든 공사가 끝나니 성도들이 너무 좋아했다. 임 목사는 마지막 마감감사예배를 드릴 때 마치 성전이라도 건축한 것처럼 감동이 밀려왔다고 한다. 성도들은 이제 3층까지 올라오지 않아도 되었고, 3층 또한 사택 이외에도 식당과 도서관을 꾸며놓았기에 여러모로 교회가 규모를 갖추게 되었다. (식당과 예배당의 분리, 이는 작은 교회들의 공통 소망이다. 큰 교회로서는 아무것도 아니지만, 이것 하나만 돼도 교회가 교회다워 보인다고 입을 모은다.) 밖에서 볼 때도 힘찬교회가 2-3층을 다 쓰게 되니 세 들어 사는 것 같지 않았다. 옆에서 부자 교회라고 난리들이었다.

그런데 예정대로 교회 옆에 큰 마트가 들어서자 1층에 있던 슈퍼마켓이 장사가 잘 안 되었고, 견디다 못해 나가게 되었다. '이거 혹시 하나님이 주신 기회 아닐까?' 임 목사는 또다시 기도하며 도전했다.

섬김은 또 다른 섬김을 낳고
김에벤 목사

사역이 시작되면 감사와 감동의 행전이 이어집니다. 그 가운데서도 사역지 교회 한 성가가 새로운 장비를 헌물하실 때의 감동은 잊을 수가 없습니다. 낡은 만백성 장비가 그 성도의 마음에 걸렸나 봅니다. 앞으로 다른 교회에 가서 새로운 장비로 더 멋진 작품을 만들어 달라는 소망을 담아 헌물하셨습니다. 만백성 사역은 섬김을 받는 교회나 섬기는 교회 모두에게 감사와 은혜를 고백하게 합니다.

더 많은 교회가 작고 어려운 교회를 섬기는 사역에 동참하기를 바랍니다. 복음이 땅 끝까지 전파되는 데 한마음으로 귀하게 쓰임받고 세워지기를 소망합니다.

"하나님, 1층도 주십시오. 힘찬교회에서 하나님 영광을 위하여 잘 쓰겠습니다. 1층은 전세 4천에 월 30만 원이랍니다. 2층을 주신 하나님이 1층도 주실 것을 믿습니다!"

현재 1층은 두 공간으로 나누어 사용하고 있다. 절반은 청소년 문화

센터(이곳에서 주 3회 책읽기, 영어강습, 클레이 아트, 바리스타 교육 등이 이루어 진다), 절반은 찐빵만두가게. 둘 다 선교적 접촉점을 마련하는 공간이다. 급속도로 교회가 부흥되거나 내 땅에 교회를 건축하지는 못 했지만, 하나씩 하나씩 그 지경을 넓혀가는 힘찬교회, 그 밑거름이 만백성건축선 교단임은 두말할 필요가 없다.

현재 힘찬교회는 매주 금요일 오후 6-9시 지역사회 청소년을 대상으로 '사랑의 밥차'를 운영한다.[*] 매주 평균 70명 가까이 다녀간다. 그렇게 청소년을 선도하며 따뜻한 밥 한 끼라도 먹여서 보내는 사랑을 꾸준히 베풀다 보니, 지역사회에서 좋은 일 많이 하는 교회로 소문나 있다. 그리고 임태석 목사는 만백성으로부터 받은 사랑을 조금이나마 갚기 위해 시간이 허락하는 한 만백성 사역 현장으로 달려온다. 힘쓰는 일이라면 자신 있는 그이기에.

---

[*] 화도읍사무소 앞에서 진행하는 이 사랑의 밥차는 식사와 상담, 그리고 각종 문화활동(공연, 강연)도 겸한다. 이 일은 경찰과 청소년의 간격을 좁히면서, 지역 청소년 유관단체와 연합하는 계기를 마련해주기도 했다.

작은 자에게 보내신
하나님의 사랑

_임태석 목사(힘찬교회)

    만백성건축선교단을 생각하면 느헤미야의 눈물이 떠오릅니다. 예루살렘 성이 허물어지고 성문들이 불탔다는 소식에 앉아서 울고 수일 동안 슬퍼하며 하늘의 하나님 앞에 금식하며 기도한 느헤미야. 이런 느헤미야의 긍휼이 차고 넘쳐 (차고 넘쳐야 은혜입니다) 어려운 교회를 세워주는 일에 앞장 선 만백성건축선교단.

    저는 선교단 단원들이 생업을 포기하고, 하나님께서 자신에게 주신 달란트를 적극적으로 선용하는 눈물겨운 헌신을 제 눈으로 확인하며 큰 감동을 받았습니다. 또한 저는 만백성건축선교단이 선한 사역에 힘쓰면서 겪는 어려움도 목도했습니다. 내외적인 어려움과 갈등, 힘들여 세운 교회들이 허물어지기도 하고 없어지기도 하는, 수고의 열매가 사라져 버리는 안타까움 등등을 말입니다.

> 너희 속에서 착한 일을 시작하신 이가 그리스도 예수의 날까지 이루실 줄 확신하노라_빌립보서 1:6

만백성건축선교단이 내외적 어려움을 딛고 전진해 나아가는 모습을 보면서, 개척교회인 우리 힘찬교회도 소망의 인내로 하나님의 선교를 끝까지 감당하는 교회가 되기를 하나님께 간구했습니다. 그리고 승리하는 그날까지 최선을 다하겠다는 믿음의 다짐을 주께 드렸습니다.

그 결과 2017년 오늘, 우리 힘찬교회는 교회가 3층 건물을 거의 다 사용하는 성장을 이루었고, 선교 지역 청소년을 위한 사랑의 밥차를 매주 금요일 저녁에 운영하며, 만백성건축선교단처럼, 우리교회를 넘어 지역을 섬기는 선교 지향적인 교회로 성장해 나아가고 있습니다.

교회를 살리고, 목회자를 격려하며, 성도들에게 믿음의 역사, 사랑의 수고를 몸으로 보여주는 만백성건축선교단의 꿈. 좀 더 체계화된 조직으로 전국의 많은 미자립 교회를 돕는 역사가 반드시 이룰 줄 믿습니다. 자기밖에 모르는 살벌한 세상 속에서도 말씀에 헌신한 이들이 존재한다는 놀라운 사실이 새삼 저를 감격케 합니다.

증가교회 담임 백운주 목사님의 지도와 격려 속에 작은 교회를 온 맘과 정성을 다해 섬긴 만백성건축선교단. 작은 자에게 보내신 하나님의 사랑이었습니다. 주님 오실 때까지 그 긍휼이 마르지 않는 샘처럼 넘치기를 소망합니다. 감사합니다.

아픔을 넘어

성령교회(23차 사역지)

옛날에는 임원 후보자를 평가할 때 이렇게 이야기했다.
"이 사람은 32살 때 큰 실패를 했군. 그래서 별로 좋지 않은데…."
오늘날은 이렇게 평가한다.
"이 사람에 대해 걱정스러운 것은 실패를 해보지 않았다는 거야."
_ 존 코터, 하버드대 교수

위대한 사람은 성공이 아닌 실패를 통해서 큰 지혜를 얻는다. 마이클 아이즈너 월트디즈니 전 회장은 이렇게 말한다. "성공은 인생에서 그렇게 많은 이익을 가져다주는 경험은 아니다. 오히려 실패가 더 정신을 번

쩍 들게 만들고, 큰 깨우침을 준다."

여기서 목회를 해야 하나

1998년 2월 경기도 남양주시 오남읍에 개척된 성령교회(당시 한마음교회)는 한 차례 거센 실패를 맛보았다. 처음에는 담임 염창준 목사의 열정적인 목회로 교회는 일취월장 부흥했다. 당시 상가 3층에서 개척해 자리를 잡아가다가 계약이 종료되는 시점에 한 성도의 땅을 임대해 작게나마 성전을 건축했다(단층 60평). 그런데 2002년에 그 성도의 아들이 땅을 돌려달라고 요청하는 것이 아닌가? 난감했지만 어찌할 방도가 없었다. 그리고 이것이 두 번째 성전을 건축하는 계기가 되었다.

어느 날 염창준 목사의 눈에 새로 건축하는 건영아파트가 확 들어왔다. 그 정문 앞 땅 101평이 근린시설로 나와 있었고, 기도 끝에 매입을 결정하게 된다. 곧이어 지하부터 지상 2층까지 연건평 180평의 새 성전을 건축했다. 얼마나 기뻤을까? 더 좋은 곳에, 더 큰 예배당을 짓게 됐으니 말이다. 감사하게 교회도 빠르게 성장해 20-30명 출석하던 성도수가 70-80명으로 늘었다.

그런데 문제가 조금씩 생기기 시작했다. 재정이 넉넉지 않은 상태에서 은행의 힘을 빌려가며 8년에 걸쳐 공사한 것이 화근이었다. 건축 기간이 길어지고 은행 이자를 감당할 수 없게 되자 성도들이 하나둘 보이지 않았다. 오랜 경제적 부담감에 지친 것이다. 결국 새 성전을 은행에

넘겨주어야 했다.

이제 어디로 가야 하나? 고민 끝에 사택이 있던 자리로 돌아와, 그 앞에 컨테이너 두 개를 연결해 임시로 예배처소를 만들었다. (이 자리는 천변 시유지다. 하천 공사를 하면서 생긴 자투리땅인데, 사택이 원래 그곳에 있었기 때문에 '그냥' 무허가로 컨테이너를 가져다 놓은 것이다. 나중에 옆 건물주와 마찰이 있기도 했으나, 문제가 정리되어 약 2년 후에는 등기할 수 있었다고 한다.) 컨테이너로 예배실을 옮기면서 교회 이름을 한마음교회에서 성령교회로 바꾸었다. 심기일전, 새롭게 시작하기 위해서다. 하지만 창고 같아 보이는, 좁고 어수선하고 냄새나는 예배당이었다.

건축한 뒤 교회가 부흥했지만 물질로 인해 성도가 줄고 예배당이 사라졌다. 작은 컨테이너에서 다 떠나고 몇 명 안 되는 성도들과 예배를 드

리려니 눈물과 한숨만 나왔다. '여기서 목회를 해야 하나?'

"주위에는 아름답게 건축된 교회가 많습니다. 그런데 저희 교회는 컨테이너 예배당입니다. 일단 전도에 자신감이 없었고, 저희 교회를 떠나간 사람들의 비웃음까지 들려올 때는 뭐 하나 제대로 해볼 수가 없더군요. 동네가 떠나가도록 열심히 전도하던 저희였는데…."

염 목사의 눈물을 하나님이 보신 것일까? 그에게 만백성건축선교단을 보내셨다. 몇 개월 전에 만백성건축선교단이 같은 지방회 소속인 힘찬교회에서 사역했다는 소식을 듣게 하셨고, 이후 빠른 절차를 거쳐 다음 사역지로 결정되게 하셨다.

교회처럼 보이게

2013년 11월 25일부터 한 주간의 사역이 시작되었다. 만백성 사역자들은 일차적으로 이 컨테이너를 교회처럼 보이게 하는 데 주력했다. 그래서 예배당 전면에 방부목을 크게, 넓게 설치하여 컨테이너가 보이지 않게 했고, 그 방부목 위에 교단 마크와 교회 이름을 선명하게 새겨 넣었다. 그리고 예배실 안에 식당이 함께 있었는데, 이를 분리하여 조금이나마 쾌적한 공간이 되도록 배려했다. 또 교회 안으로 들어오는 길에 투명지붕을 설치하여 비와 눈을 피할 수 있도록 했다. 그 외에도 천장 인테리어 공사, 전기공사, 식당 싱크대 설치, 수도와 온수배관공사, 교회간판 조명공사, 도배(당시 도배공사가 늦어지고 있었는데, 이전 사역지였던 힘찬교회 임태석 목사가 합류해 한시름 놓았다고 한다), 각종 페인트칠 등이 있다.

일이 생겼다. 성령교회 건너편에 보신탕집이 있는데, 그 음식점 입간판이 교회 입구에 세워져 있었다. 교회 앞이 더 잘 보이기에 그리 한 것이다. 그래서 만백성 사역자들이 나서서 옮길 것을 요구하였다. 공사에 방해도 되고, 또 본인 쪽으로 옮겨야 서로 좋지 않겠느냐고 여러 차례 설득도 하고 사정도 해보았으나 요지부동이었다. 정 그렇게 원한다면 돈을 내라는 보신탕집 주인의 말에는 더 할 말을 잃었다. 이 모두 교회가 무허가건물이라는 약점을 파고든 배짱이었으리라.

그때 증가교회 집사 부부가 사역지를 방문하여 마침 그 소식을 들었고, 하나님은 그 부부의 마음을 감동시키셨다.

"저희가 그 비용(보신탕집 주인이 요구하는 돈)을 부담할 테니, 조용히 이 일을 마무리하는 것이 어떨까요? 그게 은혜로울 것 같습니다."

하나님의 타이밍은 절묘하다. 그 순간에 돕는 이를 보내셨고 일을 순적하게 하셨다.

지금은 예배실 자리가 부족해요

현실의 어려움으로 용기를 잃어버린 교회에 만백성 사역은 희망을 보게 했다. 교회에 대한 자부심을 갖게 했고, 다시 한번 일어설 힘을 공급했다. 무엇보다 전도하러 나가야 되겠다는 새 마음을 얻은 것이 가장 큰 수확이다. 염창준 목사의 말을 직접 들어보자.

"이제는 매주 힘을 내서 성도들과 함께 전도하고 있습니다. 새로운 변화가 생긴 것입니다. 그랬더니 감사하게도 새로운 가정이 들어오기 시작했습니다. 만백성에서 식당을 꾸며주셨는데, 아기엄마가 등록하여 유아실로 겸하고 있습니다. 지금은 자리가 부족하여 10평 성전을 최대한 활용하여 예배를 드립니다."

이 모든 것이 만백성 덕분이라고 했다. 날씨가 쌀쌀했음에도 불구하고 80세가 넘으신 어르신을 포함해 이름을 다 기억할 수 없는 성도님들이 자신의 일을 내려놓고 이렇게 작은 교회를, 특별히 상처 많은 교회를 정성으로 보듬어주셨던 모습을 잊을 수가 없다고 한다.

"하나님의 은혜와 사랑이 아니라면 절대로 할 수 없는 일이겠죠. 이제 저희들이 할 일은 하나입니다. 이 만백성의 거룩한 섬김을 잊지 않고 열심히 전도하고 부흥하는 것으로 보답하겠습니다. 거듭 감사의 말씀을 전합니다."

네가 아파봐야

양촌비전교회(24차 사역지)

늦은 나이에 신학을 하고, 집안의 반대를 무릅쓰고 개척을 했다. 어디다 개척을 할까? 일전에 친구 따라 일하면서 낯을 익힌 곳 김포를 개척지로 삼았다. 아직 개발이 안 된 지역 상가 3층, 보증금 1천만 원은 6개월 후에 주기로 하고 일단 월세 45만 원을 주인 손에 쥐어주고, 2012년 10월 7일 설립예배를 드렸다.

사회적 약자를 향한 관심

양촌비전교회가 위치한 지역은 특별히 외국인 노동자들이 많았다. 파키

스탄, 방글라데시, 이집트, 캄보디아 등, 나라도 다양하다. 또 농촌 다문화가정도 상당수에 이른다. 사회적 신분이 불안정하다보니 강도를 만나고 매를 맞고 쫓겨나기 일쑤다.

담임 장영석 목사의 눈에 그들이 들어왔다.

너희는 나그네를 사랑하라 전에 너희도 애굽 땅에서 나그네 되었음이니라 _신명기 10:19

쉴 만한 집도 없이, 정착할 땅도 없이, 일정한 직업도 없이, 고향을 떠나 이리저리 떠돌며 사는 나그네, 신명기는 고아나 과부와 더불어 이 나그네를 하나님의 우선적 관심 대상으로 강조한다. 그래서 수확도 두 번 하지 말라고 당부하신다. 한 번 훑고 지나갔으면 그것으로 수확을 멈추라는 것이다. 나락까지 다 주워가면 사회적 약자들은 먹고 살 것이 없다. 또 이르시기를, 3년에 한 번씩은 십이조를 드려, 그중 하나는 약자를 보살피는 데 쓰라 하신다.

이런 신명기 말씀에 따라, 장 목사는 일반 신자도 신자지만 외국인 노동자들, 그리고 신체 및 지적 장애자들의 아픔과 눈물을 닦아주는 데 열심을 내었다. 한때는 알코올 중독자 열세 명을 돌보았고, 현재도 몇 명의 외국인들을 교회 안에서 생활하게 하면서 저들을 신앙으로 인도하고, 직장을 얻어 안정을 찾을 수 있도록 보살피고 있다.

개척을 하고 30명이 넘도록 부흥하다가 시련이 왔다. 말 못할 어려움이 생겨 성도들 대부분이 다 떠나갔다. 어떤 때는 몽골인 한 명과 함께 예배를 드렸다. 안 좋은 일은 한꺼번에 온다고 했던가? 목사 가정에 우환이 겹쳤다. 큰딸이 난소암으로 투병생활을 하고, 아들이 기흉(폐에 구멍이 생겨 정상 기능을 할 수 없게 만드는 질환)으로 쓰러졌다. 교회도 가정도 큰 난관에 봉착한 것이다. 개척교회의 최대 위기가 아니었을까?

"하나님, 늦은 나이지만, 말씀에 순종하여 사명자의 길을 걷고 있는 저에게 이런 시련은 이해도 안 되고 감당하기도 어렵습니다."

새벽마다 원망 가득한 기도를 쏟아놓기 여러 날, 하나님이 말씀하셨다.

"네가 아파봐야, 네가 보듬어야 할 사람들의 아픔을 알지 않겠니?"

그렇게 실의에 빠져 가슴앓이를 하고 있을 무렵, 만백성건축선교단과 연결되었다. 일전에 증가교회를 섬겼던 이예인 전도사가 신학교 동문이었던 장 목사 교회를 추천했던 것이다. 장 목사는 그때의 마음을 이렇게 표현한다.

"만백성은 저와 제 목회에 큰 힘이 되었습니다. 사실 '큰 힘'이라는 말로는 부족합니다. 부지중에 천사를 만난 기분이라고 할까요? 가장 어려운 때, 앞이 보이지 않는 난관에 부딪혔을 때 한 줄기 빛을 본 것이죠."

2014년 5월 12일부터 한 주간의 사역이 시작되었다. 당시 양촌비전교회는 오래된 콘크리트 슬라브 건물 3층(42평)에 자리를 잡고 있었는데, 비가 오면 물이 새, 성전 벽면에 빗물자국과 곰팡이가 그림을 그렸다. 화장실은 곳곳에 타일이 떨어져 지저분하고, 오래된 나무 창문은 한겨울 매서운 바람을 이기지 못했으며, 도시가스도 없어 작은 난로 하나로 예배를 드리고 있었다.

건물 상황을 꼼꼼히 파악한 만백성 사역자들은 하나하나 문제를 해결해나갔다. 강대상 인테리어, 예배당 내부 창문 단열과 방음 인테리어, 다용도식당 출입문 제작과 인테리어, 다용도식당 설비공사 일체, 각종 전기공사, 예배당 내부 도배와 바닥 데코타일 공사, 화장실 설비 보수공사와 바닥 타일공사, 화장실 입구 칸막이 공사, 그리고 성전 출입 계단 페인트칠까지.

다 쓰러져가는 헌집에서 새집으로 이사하는 기분이 이럴까? 성도들은 아늑하고 포근한 새 예배당을 보며 입을 다물지 못했다.

"변변한 전도용품 하나 없던 시절에는 하루 두세 시간씩 담배꽁초를 주우면서 전도했습니다. 그렇게 전도를 하면서도 늘 마음 한 구석에 열등의식이 있었습니다. 교회 건물에 대한 자신감이 없었던 거지요. '저 사람들이 우리 교회에 오면 실망할 텐데….' 그런데 만백성 사역 이후에는 제 자신부터가 달라졌습니다. 교회가 예쁘니 '우리 교회 한번 와봐라' 하고 자신 있게 말하는 제가 스스로도 놀랍더군요."

이 일, 묘한 중독성이 있어요

힘든 공사로 섬겨주는 것만도 장 목사를 몸 둘 바 모르게 하는데, 담임 백운주 목사님은 수박을, 장로·집사님은 고기를 샀다. 증가교회에서 준비한 점심을 매일 먹으며, 그 사랑을 받으며, '아 하나님이 나를 위로하시는구나' 하는 생각을 많이 했다.

장영석 목사는 펑펑 울었다. 토요일 마감감사예배를 드릴 때 감사인사를 하면서 말이다. 너무 좋아서, 너무 감격해서, 너무 감사해서 흐느끼는 그의 인사말은 참석한 만백성 사역자들의 마음을 감동의 도가니로 몰아넣었다.

'아, 우리가 지금 잘하는 거구나.'
'좋은 일 하는 것이구나.'
'이 일 계속해야겠구나.'

언젠가 실무팀장 신동민 집사가 한 말이 기억난다.
"이 일, 묘한 중독성이 있어요."
전체를 총괄하는 입장이니, 누구보다 힘들어야 할 사람이다. 말 못할 어려움도 많을 것이니 그 속이 늘 편한 것은 아닐 터다. 그런 그가 말하는 중독성이 무엇일까? 바로 사역지 목회자의 눈물 아닐까? 기뻐서 감사해서 펑펑 흘리는 눈물, 그 눈물을 보기 위해 만백성은 오늘도 현장으로 달려간다.

#21

한국교회, 희망 있다

덕촌교회(25차 사역지)

젊은 시절, 기독교서점을 운영할 때 많은 목회자와 평신도 지도자의 민낯을 보면서 상처를 입은 박광표 목사, 그에게 있어서 한국교회는 위기였다. 성도가 줄어서가 아니라 성도답지 않은 삶 때문이다. 교회에서는 복음적 가치관을 외치나 현실에서는 세상의 가치관으로 기어를 바꾸는 사람들, 그들의 행태로 인한 본질적 위기를 본다. 그런 그가 생각을 바꾸었다. '한국교회, 아직 희망이 있다, 아직 살아 있다'고 말이다. 만백성건축선교단이 그렇게 만들었다고 한다.

당장 기거할 사택이 없었다

칠갑산 깊숙한 곳에 40여 가구가 듬성듬성 사는 마을이 있다. 인근에 아주 유명한 절간이 있고, 마을 사람들은 이 절을 세운 정주 할머니를 지성으로 모시고 사니 전도가 쉽지 않았다.

2013년 박광표 목사(당시 전도사)가 부임해보니, 성도라고 해봐야 정식으로 등록된 신자는 팔십이 넘은 할머니 두 분이었으며, 본 교회에 문제가 있어 잠시 다니는 장로 내외와 주말마다 내려오는 여 집사 한 명이 전부였다. 건물은 더 형편이 없었다. 지붕에서 비가 새서 항상 바가지를 받쳐놓고 살아야 했다. 별도의 식당이 없어서 예배 후 식사는 예배당에서 해결해야 했다. 그리고 당장 기거할 사택이 없었다.

이 딱한 소식을 들은 지방회 목회자들이 십시일반 헌금을 했다. 또 십여 명은 직접 와서 사택 공사를 거들었다. 교회 벽과 벽을 패널로 연결해 거실을 만들고, 사용하지 않던 작은 방 하나와 목회자 서재를 개조해, 목회자 부부와 아이들 넷이 머무를 거처가 급조되었다. 그렇게 한 해를 그럭저럭 보내던 어느 날, 양촌비전교회 장영석 목사를 통해 만백성건축선교단을 알게 되었다.

이번에도 떨어지면 전도문 막힌다

2014년 12월 1일부터 한 주간의 사역이 시작되었다. 가장 중요한 것이 방수공사였다. 일단 종탑을 타고 새들어오는 빗물을 막고, 교회 지붕에 실리콘 공사를 추가했다. 또 예배당 안에는 천장공사, 각종 인테리어 공사, 전기공사, 도배와 장판, 페인트칠, 예배당 밖에는 식당 공간을 마련하는 공사가 진행되었다.

공사 중에 눈이 많이 왔다. 방수를 위해 실리콘 작업을 하려면 습기 제거가 필수인데, 잦은 눈은 정말 반갑지 않은 손님이었다. 하는 수 없었다. 마르지 않으면 말릴 수밖에! 그날 마침 내려온 부목사들이 지붕으로 올라가 드라이기로 젖은 부위를 말리기 시작했다. 그런데 지붕 아래에서 박광표 목사가 소리를 질렀다.

"위험해요. 빨리 내려오세요. 큰일 납니다!"

쌓인 눈을 쓸어도 물기는 없어지지 않는다. 추운 날씨에 그 물기가 금방 살얼음으로 변하니, 그 상태에서 작업을 하면 위험하다는 얘기일 것

이다. 그런데 이 담임목사의 간곡한 제지는 그런 단순한 이유를 넘어선다. 지난 시절의 아픔이 담겼다.

1985년에 개척된 덕촌교회, 당시 교역자는 여자 전도사였다. 열심히 사역하다가 안타깝게도 교통사고로 사망했다. 두 번째 목회자 또한 오랜 시간 인내하며 최선을 다했지만, 교회 화재 시 지붕에서 떨어져 크게 다치는 일이 벌어졌다. 이런 일이 벌어질 때마다 동네 사람들이 수군거렸다. 우리 정주 할머니가 이긴 것이라고, 동네에 교회가 있는 것을 못마땅해 하시는 것이라고 말이다. 그러니 이번에 서울에서 웬 사람들이 몰려와 뭔가를 하네 하다가 또 떨어지면, 거 보라고, 우리 정주 할머니가 또 이긴 것이라고 할 테니, 박광표 목사는 겁이 덜컥 난 것이다.

'이번에도 떨어지면 전도문 막힌다.'

더욱 조심하고 또 조심했을 부목사들, 다행히 하나님의 '보호하심' 가운데 실리콘 작업은 무사히 마쳐졌고, 토요일에 예정대로 마감감사예배를 드릴 수 있었다.

한 시골 목회자의 생각을 바꾸다

산이 깊어서 그런지 눈이 많이 오는 지역이었다. 그런데 그해는 더 왔다. 눈이 무릎까지 차고 여기에 칠갑산 매서운 바람이 더해진 악조건 속에서도 만백성 사역자들은 웃으며 일했다.

"그들이 웃는 이유가 어디에 있겠습니까? 아무리 힘들어도 하나님이 일을 하나는 뿌듯함 때문이었을 것입니다. 무슨 보수를 바라고 내려온 것도 아니고, 오히려 자신들의 생업까지 내려놓고 하나님의 성전을 보수하는 성도들의 모습을 보면서, 저는 한 대 얻어맞은 듯했습니다. 아직도 한국 교회에 주님 나라를 위해 이토록 헌신하는 자녀들이 있다는 것을 눈으로 몸으로 확인했으니까요."

한국교회가 위기라고 한다. 박광표 목사 역시 그렇게 생각했다. 그런데 그는 만백성 사역자들처럼 자신의 일보다 하나님의 일에 더 헌신하는 신실한 평신도들이 있는 한, 아직 희망이 있다고 생각을 바꿨다.

"작은 시골에서, 혼자 어찌하지 못 하고 눈물로 기도만 하고 있는 교회들을 외면하지 않고, 항상 낮은 자리에 함께하면서 구슬땀을 흘린다면, 하나님은 절대로 우리 한국교회를 버리지도 떠나지도 않으실 것이라 확신합니다."

한국교회를 부정적으로 바라보는 한 시골 목회자의 생각을 바꾸어놓은 만백성건축선교단. 이는 덕촌교회 공사비에 견줄 수 없는 값진 수확일 것이다.

하나님은
잊지 않으셨다

소서교회(26차 사역지)

 충북 옥천군 청성면 소서리 683-11.
소서교회의 주소다. 그런데 못 찾았다. 필자가 인터뷰를 위해 내려갔을
때, 분명 내비게이션은 다 왔다고, 목적지 주변이라고 안내를 했지만, 교
회가 보이지 않았다. 내려서 둘러보고, 누군가에게 묻고 해서 어렵사리
찾아갔다.

　오지였다. 40여 가구, 주로 어르신들이 사신다. 이곳에 1989년 4월
김춘미 전도사에 의해 소서교회가 세워졌고, 현재는 2007년 4월 부임한
박명숙 목사가 교회를 섬기고 있다.

네 눈물을 보았다

동네에 무당이 일곱 명이나 있는 곳, 그래서 모두들 전도는 어림도 없다고 했던 이곳에서 그녀는 몸으로 전도했다. 혼자 사시는 어르신과 몸이 불편한 어르신 여덟 분을 예배당으로 모셔 함께 생활하기 시작했던 것이다. 식사는 물론이요 빨래며 목욕이며 병수발이며 대소변 받아내는 일까지, 박 목사는 하루도 빠짐없이 자식들의 손길을 대신해 나갔다. (이 짧은 한 문장에 담긴 박 목사의 수고는 가늠하기 어려울 것이다.) 주님을 모시는 마음으로 말이다.

그런데 문제는 이 공동체의 주거 공간(예배당과 사택)이다. 27년 전에 지은 예배당이니 낡고 허술하기가 이루 말할 수 없었다. 산 밑자락이라 뱀과 쥐가 들끓었고, 겨울이면 바람이 숭숭 들어와 예배당에서 주무시는 어르신들(70-98세)이 추위에 떨어야 했다. 한 달에 60만 원이나 나오는 전기세, 그렇게 난방을 해도 추위를 온전히 막아내지 못했다. 또 여름이면 교회와 사택에 여지없이 물이 들었다.

고치고 싶은 마음이야 굴뚝같았지만, 누구 한 사람 찾아오기도 어려운 시골 교회 형편에, 기도 외엔 할 수 있는 것이 없었다. 그렇게 기도하기를 7년, 하나님이 음성을 들려주셨다.

"내가 네 사역을 보았고, 네 눈물을 보았다."

그때 박 목사는 확신이 왔단다. '아, 하나님이 고쳐주시겠구나!' 때마침 동기 목사한테 연락이 왔다. 증가교회에 편지 좀 해보라고, 자기 교회도 만백성건축선교단이 와서 얼마나 잘 고쳐주었는지 모른다고 말이다. 그 타이밍이 너무 절묘해 하나님의 인도하심으로 믿고 편지를 썼다.

측량도 하지 않고 그냥 왔으나

만백성 사역 후보지로 선정되면 일단 답사를 간다. 교회 상황을 살피고, 측량을 하며, 담임교역자가 보낸 신청서를 놓고 여러 가지를 상의한다. 이게 보통 수순이고 절차다. 이 가운데 측량은 핵심 절차다. 한번 갔을 때 각 건축자재의 치수를 정확히 파악해야 두 번 일을 하지 않기 때문이다.

그런데 소서교회, 답사를 가긴 갔으나 그냥 왔다. 가서 보니 공사가 너무 크고, 만백성의 예산으로 감당할 수가 없었기 때문이다. 교회에다가도 그렇게 보고했다. 그리고 잊었다.

그러나 하나님은 잊지 않으셨다.

"어느 날 우연히 교회 주차장에서 어떤 여 집사님을 만나 대화하게 되었습니다. 저도 그분이 누구인지 잘 모르고, 그분도 저를 모르는 상황이었습니다. 제가 만백성 실무팀장을 맡고는 있지만, 이 사역에 참여하시는 분들 외에는 서로 잘 모르는 경우가 많거든요. 그런데 지금 다시 생각해봐도 그 집사님하고 어떻게 소서교회 얘기를 하게 됐는지 저도 궁금합니다. 아마도 하나님이 끄집어내신 것이겠지요."

사실 그 여 집사는 10여 년 전부터 말없이 소서교회를 섬기고 있었다.

정육도매업을 하던 그녀는 명절이면 고기를 보냈다. 이전 교역자 시절에 시작된 일인데, 교역자가 바뀐 지금도 계속하고 있다. 그런 상황에서 우연히 나온 소서교회 얘기. 그런데 만백성이 가기로 했다는 것이 아니라 안 가기로 했다는 얘기를 들은 그 집사는 안타까운 마음에 자신이 부족한 부분을 감당하면 안 되겠냐고 나섰다.

"만백성은 원래 생각한 예산만 지원해주세요. 그러면 나머지는 그것이 얼마가 되든지 제가 다 후원하겠습니다. 단 익명으로 해주세요."

실무팀장 신동민 집사는 이게 무슨 일인가 했다. 다 끝난 얘기인 줄 알았는데, 그래서 소서교회 말고 다른 교회를 섭외 중이었는데…. 그러나 이것도 하나님의 뜻인가 싶어 서둘러 교회에 보고를 했고, 결국 재가를 얻었다.

이 무렵 소서교회 박명숙 목사는 어떻게 하고 있었을까?

"어느 날 증가교회 만백성 사역자들이 답사를 오셨습니다. 교회와 창고와 사택을 두루 살피시더니, 너무 일이 크다고 하시더군요. 그러더니 그냥 가셨어요. 저는 계속 기도했습니다. 하나님이 제게 음성을 들려주신 것이기에 꼭 이루어주시리라 믿었습니다. 시간이 좀 흐른 뒤, 팀장 집사님께 전화를 드려 어떻게 돼 가시냐고 여쭈었습니다. 그랬더니, 소서교회도 고쳐주어야 하지만 사정상 다른 교회를 물색 중이라고 하시더라고요. 일단 전화를 끊고, 다시 강단으로 쫓아갔습니다. '하나님, 이곳은 방에 뱀이 들어오고 교회에 쥐가 왔다갔다 하는 곳입니다. 여기 계신 할머니들을 위해서라도 하나님 고쳐주셔야 합니다. 저 편하자고 이러는 것 아니니, 하나님의 뜻을 이뤄주세요. 약속하신 거잖아요!' 몇 날 며칠을 울면서 기도했습니다. 그리고 또 전화했습니다. 그랬더니 그 '주차장 사건'을 말씀하시면서 이제 막 교회 재가를 얻었다고 하시는 게 아니겠습니까? 얼마나 기쁘고 감사한지 한없이 눈물만 흘렸습니다."

사람들은 아니라고, 못한다고 했지만, 하나님이 하셨다. 돕는 이를 보내시고 모자라는 것 채우셔서 사람들의 염려를 덜어내셨다. 두메산골 강단에서 올라오는 기도를 외면하지 않으신 것이다.

하늘도 다스리셨다

2015년 7월 20일부터 한 주간의 사역이 시작되었다. 우선 어르신들이 모여 교제와 식사를 나눌 수 있는 공간을 마련했다(교회 출입구 쪽에 샌드위치패널 신축공사). 그리고 어르신들을 좀더 편하고 안전하게 씻겨드릴 수 있도록 샤워실에 이동식 욕조를 설치했고, 바닥공사까지 세밀하게 신경을 썼다. 이어 강단 인테리어, 창호 종합공사, 넥산공사, 도배와 데코타일 공사, 주방공사, 화장실공사, 각종 전기공사, 싱크대 교체, 교회 십자가 인테리어공사까지, 그야말로 숨 돌릴 틈 없이 공사가 계속되었다. 하나님께서 부족한 예산을 채우셨지만, 그렇다고 일이 줄어든 것은 아니었기 때문이다.

할 일이 너무 많고 끝이 안 보여 암울하기까지 했단다. '이거 제 시간에 끝낼 수 있을 것인가?' 그러나 우리 하나님이 어떤 하나님이신가? 사람이 필요할 땐 사람을 보내셨다. 지치고 힘들 땐 격려의 손길을 아끼지 않으셨다. 교회 앞으로 대충 옮겨놓은 폐자재를 치울 시간도 없었는데, 증가교회 부목사들을 보내셔서 말끔히 해결하셨고, 교인도 아닌 동네 주민들을 통해 사랑의 섬김을 받게 하셨다. 마을 장애자가 삼계탕을, 전 이장이 돼지고기를, 또 다른 장애자가 음료수를, 그리고 어느 집은 자신의 집을 오픈하여 만백성 사역자들이 더운 여름에 마음껏 몸을 씻을 수 있도록 배려했던 것이다. 마을 주민들이 너무 좋아서 서로 봉사를 하며 한마음으로 만백성을 도왔던 시간들, 하나님은 그렇게 순적하게 일을 진행시켜 나가셨다.

그뿐 아니다. 하나님은 하늘도 다스리셨다. 시간은 없고 마음은 바쁜데, 장마철이라 비까지 겹쳤다. 그런데 이게 웬일인가? 교회로 들어오는 길에 개울이 있는데, 개울 건너편에는 비가 쏟아졌지만 개울 이쪽 공사 현장에는 비가 한 방울도 내리지 않았다. 비를 막아 일하게 하시는 하나님, 할렐루야!

"증가교회 백운주 목사님이 수요일에 오셨어요. 그때 소서교회와 수고하시는 사역자들을 위해 기도하시면서 눈물을 흘리시더군요. 그때 모두들 울었습니다. 저 또한 기뻐서 울고, 감사해서 울고, 저렇게 성도들의 고생을 목사님이 알아주시는구나 하면서 울었던 기억이 납니다"(박명숙 목사).

목회자의 눈물의 기도, 이보다 더한 격려가 있을까?

날마다 동네잔치

더운 여름철 힘든 일을 하는 일꾼들에게 잘 먹이는 것은 그 무엇보다 중요하다. 증가교회 취사부는 한 주간 동안 사역자들과 함께하면서, 저들의 체력이 떨어지지 않도록 정성을 다했다. 사역자들 밥만 한 것이 아니다. 마을 어르신들, 독거노인과 장애자들까지 모셔서 대접했고, 오시지 못 하면 가져다 드렸다. 식사인원이 한 번에 40-50명에 이르렀다니, 그 노고가 얼마나 컸을까?

마을회관에서 하는 식사, 날마다 잔치였단다. 증가교회 선교위원장 (오환인 장로)이 개 한 마리를 잡으니, 그 답례로 마을 주민 누구는 삼계탕을, 누구는 삽겹살을 들고 왔다. 과일은 또 얼마나 풍성했는지….

예배당은 만백성의 사랑으로 너무 좋아졌다. 교인은 물론 마을 주민도 정말 기뻐했다. 무엇보다 하나님의 놀라운 역사를 '함께' 체험했기에, 전도의 문이 수월하게 열렸다. 현재 12-13명이 예배를 드리고 있다. 문제는 사택이다. 아직 수리를 못 했다. 비가 오면 물이 드는 이 집을 놓고, 박명숙 목사는 오늘도 기도한다.

#23
부흥의 여세를 몰아

행복한교회(27차 사역지)

농촌은 농촌대로 도시는 도시대로 개척의 길은 험난하다.

지방회에서 오시는 목사님들, 직전 교회 많은 성도들, 그리고 개척자의 일가친척들, 그들과 함께 예배당 가득 설립예배를 드리고 나면 남는 것은 가족뿐. 한 해 두 해, 시간은 어찌나 빨리 가는지. 성도는 늘지 않고 개척자의 마음은 타들어간다. 부흥의 기회가 왜 없었으리요. 그러나 그때마다 뭔 일이 생기는 건 무슨 조화인지. 이분이 가시면 저분이 오시고 저분이 가시면 또 다른 목회자가 오셨지만….

몇 번의 기회는 지나가고

전주 행복한교회는 올해로 설립 21주년을 맞는다. 김경태 목사가 4대 담임목사로 섬기고 있다. 2014년 7월 김 목사가 부임할 당시 장년 6명, 교회학교 4명이 출석하고 있었다. 교회의 역사에 비해 초라하다. 부흥의 기회도 있었으나, 몇 번의 어려움을 겪으면서 그때마다 주저앉기를 거듭했다.

대로변에서 한 블록 물러난 상가교회, 낡고 비효율적인 시설, 남녀 구분도 없는 화장실, 허름한 주방시설, 그리고 유아실도 없었으니 간혹 새 신자가 온다 하여도 경쟁력 있는 공간이 아니었다.

그러나 젊은 김경태 목사의 열심 있는 목회로 교회는 부흥일로를 걸었다. 전주가 연고지여서일까? 1년 만에 장년 30명 교회학교 20명이 출석하는 교회로 기틀을 잡아나갔다. 주변 여건도 밝다. 기존의 아파트에 더해 재건축 아파트의 입주가 예정돼 있다. 300가구나 들어온다니 한번 도전해볼 욕심이 생기지 않겠는가?

그러나 이 예배당으로, 이 낡은 공간으로 이 기회를 얼마나 살릴 수 있을까? 암만 생각해도 답이 나오지 않았다. 그렇다고 자력으로 해결할 처지도 아닌 것이, 부임하면서 이 예배처소를 얻는 데 모든 여력을 쏟아 부었기 때문이다.

어렵게 얻은 부흥의 기운을 잃고 싶지 않았던 김 목사, 만백성건축선교단에 SOS를 쳤다. 사실 그가 이곳에 내려오기 전까지 부목사로 섬긴 교회가 증가교회였고, 만백성건축선교단이 그가 담당한 부서이기도 했다. 어려운 교회에 부임한 부목사의 요청, 그것도 이제 힘차게 일어설 기회를 맞고 있는 교회의 요청을 어찌 거절할 수 있을까?

그분이 오셨다

2015년 11월 9일부터 한 주간의 사역이 시작되었다. 김경태 목사는 이 사역을 아는 사람이다. 어떻게 하면 시간을 효율적으로 이용할 수 있는지를 알기에, 그는 열흘 전부터 교회 철거작업에 착수했고, 선교단이 도착하면 별도의 정리 없이 바로 공사를 시작할 수 있도록 준비에 만전을 기했다.

공사 규모는 작지 않았고, 지원금 또한 적지 않았다. (행복한교회가 600만 원을 공사비로 보태기도 했다.) 교회 분위기 전체를 바꾸어 한번 오면 또 오고 싶은 교회로 만드는 것이 목표였기 때문이다. 강단공사를 시작으로 각종 인테리어, 전기, 창호, 목공, 도배, 화장실(남여 구분), 페인트, 타일, 주방, 바닥 데코타일, 유아실 공사에 이르기까지 60평 예배당 전체 리모델링을 실시했다.

공사가 너무 커서 그랬는지, 행복한교회가 별도로 섭외한 팀이 일부 전기공사와 강단 작업을 맡아서 진행했는데, 시간이 좀 늦어졌다. 만백성 작업은 금요일에 이미 끝났고, 내일 토요일에 마감감사예배를 드리면서 마무리를 할 예정이었으나, 강단 공사가 끝나지 않았으니 어쩔 수 없이 그냥 자체적으로 기도회를 가지고 철수를 하겠다고 교회에 보고했다. 또 당시 백운주 담임목사가 수술 후 회복 중이었기에 여기까지 내려오시기도 어렵지 않겠느냐는 생각이었다.

그런데…,

오셨다. 목사님이 오셨다. KTX를 타고 서울에서 전주까지 오셨다. 성치도 않은 몸을 이끌고 내려와 예배를 인도하며 사역자들을 격려하고, 행복한교회의 부흥을 위해 뜨거운 기도를 아끼지 않았다.

> "물론 지금까지도 늘 오셨습니다. 만백성 사역지가 어디든 꼭 오셔서 격려와 기도를 해주셨지만, 이 먼 곳까지 더구나 그 몸을 이끌고 오신 목사님을 뵙는 순간, 정말 울 뻔했습니다. 어찌나 감사하고 죄송하던지요."

만들어지고 세워지는 역사

이광훈 목사

무엇을 만들고 세우는 것은 결코 쉬운 일이 아닙니다. 증가교회의 많은 사역 중에 문자적으로 교회를 만들고 세우는 일이 바로 만백성 사역입니다. 예배 공간을 만들어내고 식당을 만들어내고 강단을 만들어내고 신발장을 만들어냅니다. 엄청난 수고와 땀을 흘리는 그 현장을 눈으로 확인할 때마다 놀라지 않을 수 없습니다. 만들어지지 않을 것 같은데 만들어지는 것이 신기하고, 공간이 없을 것 같은데 공간이 생기는 것이 놀라울 따름입니다.

만백성 사역이 끝나면 세워지는 역사가 일어납니다. 교역자가 새 힘을 얻고 교인들이 새로운 마음으로 신앙생활을 하게 됩니다. 이 일에 직접 참여하여 제 눈으로 보게 되니 얼마나 감사한지 모르겠습니다. 교회를 사랑하고 아끼시는 하나님 마음을 충분히 알 수 있는 시간입니다. 함께 만들고 세워가는 만백성 사역을 통해 하나님께서 마음껏 일하시고, 이로써 수많은 교회가 세워지기를 기도합니다.

어느 만백성 사역자의 고백이다. 그는 지금도 그 순간을 잊을 수가 없단다. 만백성건축선교단을 향한 목회자의 마음을 보았기 때문이다.

확 달라진 예배당, 성도들의 반응이 어떠했을까? 너무 좋아서 집에 가기 싫다고 했단다. 예배가 끝났지만 쉽사리 성전을 떠나지 못 하는 성도들, 저들을 바라보는 목회자의 마음은 얼마나 흐뭇했을까?

집에 가기 싫어요

이후 성도들은 전도에 대한 자신감과 열의가 가득했다. 그동안 해보고 싶었지만, 공간 여건이 따라주지 못해 할 수 없었던 사역들도 하나씩 추진해갔다. 지역주민을 위한 콘서트, 부부상담 세미나를 개최했고, 신앙영화 상영이나 제자훈련 또한 좀 더 편안한 분위기에서 실시할 수 있었다. 예배당이 예쁘다고 소문이 나니, 외부에서 집회장소로 빌려달라는 요청도 들어왔다.

마지막으로 김경태 목사의 감사인사를 들어보자.

"만백성건축선교단의 섬김은 주님의 사랑이었으며, 섬겨주신 한 분 한 분의 땀과 시간은 하늘에서 임한 은혜였습니다. 처음부터 마지막까지 기도와 웃음으로 사역하신 분들, 우리는 당신들을 하나님이 보내주신 천사라 부릅니다."

예언적 과거

대화제일교회(28차 사역지)

대화제일교회는 1995년 11월 조민엽 목사에 의해 개척되었다. 얼마나 열심히 일했을까? 개척자의 마음은 늘 바쁘고 조바심 가득하다. 그런데 개척 3년이 되던 해에 조 목사는 하늘의 부르심을 받았다. 곧이어 이웅서 전도사가 부임했으나, 5년 만에 과로로 소천하는 안타까운 일이 또 발생했다.

폐쇄 위기 앞에서

출석하던 30여 명의 성도는 두 번의 어려움을 겪으면서 대부분 떠났다. 재정이 약해져 월세도 감당하기 어려웠다. 교회문을 닫아야 하는가? 은

퇴하신 어느 목사님의 도움으로 강단이 지켜지는 동안, 성도들은 개척자 조민엽 목사의 처 이진숙 사모를 목회자로 준비시키기로 뜻을 모았다.

그러면서 임대료 부담이 훨씬 적은 현재의 건물 지하에 예배당을 마련했다. 10여 년의 시간이 지난 2008년 봄, 이진숙 사모가 신학대학원을 졸업하면서 성도 10여 명의 신앙 공동체가 점점 자리를 잡아가기 시작했다. 그러나 사실 말은 쉽고 문장은 편안하지만, 그 행간에 숨은 우여곡절과 가슴앓이와 눈물은 짐작하기조차 어려울 것이다. 남편 잃고 자식들 돌보며 신학을 공부해 그 유업을 잇는 과정이 녹록했겠는가?

예언적 과거

이제 새로운 목회자를 맞은 교회에게 하나님이 선물을 준비하셨다. 만백성건축선교단의 사랑을 받게 하신 것이다. 물론 그녀가 신청서를 보내고, 이리저리 부탁을 해서 이루어진 일이 아니다. 이 목사의 딱한 처지를 눈여겨보던 당시 지방회장이 만백성건축선교단에게 알렸고, 충분히 공감한 만백성 사역자들의 답사가 이루어지게 됐다.

"2016년 4월 6일 중가교회 네 분 집사님이 오셨고, 기도드린 후 이곳저곳을 둘러보셨습니다.* 한참 후에 차를 마시며 이야기를 나누는데, 성전 어

---

* "처음 대화제일교회를 방문했더니 교회간판이 없었습니다. 건물주가 자신이 음식점을 해야 한다고 해서 기존에 있던 교회간판을 내렸다는 겁니다. 그 말을 듣는 순간, 가슴이 무너지는 것 같았습니다. 안으로 들어가니 커튼이 칸막이였고, 겨울에도 찬물로 식기를 닦아야 했으며, 예배당 이곳저곳이 낡고 허름하기가 이루 말할 수 없었습니다." 실무팀장 신동민 집사의 기억이다.

디를 고치고 싶으냐고 하시더군요. 그런데 그때 제 마음은 '처분대로'였습니다. 낡고 비효율적인 교회 환경을 숙명처럼 안고 살면서 멋지고 아름다운 성전에 대한 바람이야 늘 있었지만, 무엇을 어떻게 해야 그렇게 되는지 안목이 없었던 저로서는 그저 만백성에게 모든 것을 맡길 수밖에 없다는 생각이 들더라고요."

그녀의 마음을 읽은 사역자들은 예배당 안팎을 다시 한번 천천히 돌아본 후, 자신들이 감당할 수 있는 부분을 하나하나 열거했다. 이것도 할 수 있고, 저것도 할 수 있겠다고….

입장이 바뀌었다. 그동안은 주로 교회들의 요청을 '적절히' 수용하는 선에서 공사 규모를 결정했는데, 그야말로 처분만을 바라는 목회자를 만나니 조금은 당황스러웠을지도 모르겠다.

"목사님, 저희가 지금 이렇게 답사는 했습니다만 꼭 된다는 것은 아닙니다. 교회에 가서 회의도 해야 하고, 거쳐야 할 단계도 있으니까요."

만백성 사역자들이 남긴 말이다. 그런데 이 목사는 확신이 들었다. 이 사역자들이 교회를 찾아왔을 때부터 천사처럼 보였는데, 이 네 천사가 다시 꼭 올 것이라는 왠지 모를 확신이 든 것이다. 그래서 그다음 주일 예배 때 아예 선포했다. 하나님께서 증가교회 만백성건축선교단을 통해 리모델링을 해줄 것이라고 광고를 해버렸다!

예언적 과거, 이는 하나님이 종종 쓰시는 선포 양식이다.

그들에게 이르되 나를 따르라 여호와께서 너희의 원수들인 모압을 너희의 손에 '넘겨주셨느니라' 하매 무리가 에훗을 따라 내려가 모압 맞은편 요단 강 나루를 장악하여 한 사람도 건너지 못 하게 하였고 _사사기 3:28

사사 에훗이 모압 왕 에글론을 쳐부수기 전, 백성들에게 하나님의 뜻을 전달하는 장면이다. 전쟁을 앞둔 에훗이 하나님께 받은 메시지가 무엇인가? 승리다. 그런데 그 승리를 약속하시는 하나님의 선포 양식은 미래가 아니다. 과거다. '넘겨주실 것이라'가 아니라 '넘겨주셨느니라'다. 아직 전쟁을 하지 않았고, 그 결과를 알 수 없으나, 하나님의 시간표 안에서는 이미 완성된 것이나 다름이 없기에, 아직 오지 않은 미래 사건을 과거로 표현하시는 것이다. 이런 양식은 성경 도처에서 발견된다.

이미 예언적 과거로 선포된 만백성 사역. 그날 오후예배 후 이 목사가 성전에 혼자 남아 말씀을 읽고 있는데, 오후 다섯 시경 실무팀장으로부터 전화가 왔다. 결정됐다고, 이번 사역지로 대화제일교회가 승인되었다고! 답사 4일 만이다.

"할렐루야! 저는 살아 계신 주 하나님을 찬양했습니다. 마치 다윗이 언약궤가 들어올 때 정신없이 춤을 추었듯이, 저도 두 손을 높이 들고 할렐루야를 외치고 춤추고 노래를 불렀습니다. 그 순간 누가 저의 이런 모습을 보았다면 실성했다고 했을 거예요."

행복한 실랑이

2016년 5월 2일부터 한 주간의 사역이 시작되었다. 강단 리모델링을 시작으로 예배실 전체 인테리어, 바닥 데코타일 공사, 목회실과 유아실 공사, 주방 배관, 방수 일체, 주방 싱크대와 온수기 설치, 각종 전기공사, 교회간판 설치까지 진행되었다.* 그리고 다른 교회의 경우 찾아보기 힘든 추가공사까지 실시했다. 식당과 성전 입구 바닥 타일공사가 그것이다. 두 명의 사역자가 자원하여 이 일을 감당했다.

아픔이 분명하고 어려운 현실이 눈에 보이는데, 특별히 무엇을 해달라고 요청하지를 않으니, 그 순수한 마음이 전해져 오히려 뭐라도 더 해주고 싶었는지도 모르겠다. 아닌 게 아니라 증가교회 어느 권사하고는 행복한 실랑이를 벌이기도 했다. 그분은 수돗물 여과장치를 달아주겠다고 하고, 이진숙 목사는 이번에 받은 것이 너무 많아 마음만 받겠다고 하고….

뭐라도 더 해놓고 싶은 이 마음은 대화제일 성도들에게도 번져나갔다. 어떤 성도는 만백성이 일할 때 장비 한 가지라도 후원해야 한다면서 특별헌금을 드렸다. 어떤 성도는 크리스털 강대상을 헌물했다. 이번에 새롭게 단장된 예배당에 새로운 강대상을 해놓고 싶다고, 형편이 넉넉하지는 않지만 금목걸이를 팔아서라도 다른 사람이 하기 전에 먼저 하겠다고 나섰다. 집사가 된 지 얼마 되지 않은 한 성도는 마감감사예배 기념타월을 맞춰 왔다. 또 만백성이 이렇게 깨끗하고 아름답게 꾸며주셨

---

* 소서교회의 경우도 그러했지만, 정말 여기도 일이 많았습니다. 너무 힘들어 한숨이 절로 나올 때, 하나님이 깨닫게 하셨습니다. 이 귀한 사역을 너무 쉽고 아무 고민도 안하고 척척 하게 되면, 저희의 교만함과 거들먹거림이 대단했을 것이라는 깨달음입니다. 참 멋진 하나님께 감사했습니다.

는데, 이제 앞으로 예배당을 오랫동안 깨끗이 사용해야 한다면서 실내화까지 헌물했다.

교회에 오랫동안 출석하지 못 하던 한 초신자는 만백성 소식을 들은 후, 이렇게 교회에 큰 변화가 있는데 어떻게 자기가 가만히 있을 수 있느냐며 냉장고를 사놓았고, 어느 직분자는 제습기와 선풍기를 들여놓기도 했다.

"성도가 많아서도 아닙니다. 제가 광고하고 권면하고, 뭐 그렇게 해서 이루어진 일도 아닙니다. 하나님의 교회를 향한 증가교회와 만백성 사역자들의 헌신을 통해 성령님께서 저희 작은 공동체에 불어넣으신 거룩한 입김입니다!"

평생 잊지 못할 5월

마감감사예배 때 새신자가 찾아와 예배를 드렸다. 참 하나님의 역사는 놀랍다. 그중 한 명은 다음 날 주일예배 때도 스스로 나와 예배에 참석했다. 그뿐 아니다. 불교 신자인 앞집 아저씨가 교회 리모델링을 어떻게 한 것인지 궁금해하기에, 모시고 들어와 차 한잔 대접하며 복음을 전했고, 인근 카페 주인에게도 또 옆집 건물주 아주머니에게도 교회를 구경시켜 주면서 전도했다. 그런데 이 아주머니, 자기는 불교 신자라며 복음에는 전혀 관심이 없고, 이렇게 하는 데 평당 얼마나 들었느냐고 묻는 것이 아닌가? '주님, 저 영혼을 불쌍히 여겨주옵소서' 기도했단다. 어쨌든 부정적인 관심도 관심이다. 무관심이 가장 큰 절망이니까. 특히나 작은 교회에게.

"2016년 5월은 평생 잊지 못할 아름다운 계절이 될 것입니다. 저희는 그때 이후로 많은 변화가 일어나고 있습니다. 가장 먼저 목사인 저부터 새 힘을 얻었습니다. 하나님께서 저를 위로하러 만백성건축선교단을 보내셨으니 다시 한번 해보자 하는 용기를 얻은 것이지요. 그리고 우리 성도 한 사람 한 사람 모두가 교회에 오기를 더 즐거워하고 예배에 힘쓰는 모습을 보면서, 감격적으로 예배를 드리고 있습니다. 우리 교회를 향한 하나님의 사랑을 확신하게 된 것이라 믿습니다."

#25

우선순위

우리임마누엘교회(29차 사역지)

———————————————— 우리임마누엘교회(서울 광진구 중곡
동)는 2013년 12월 이승재 목사에 의해 개척되었다. 41세의 늦은 나이
에 신학을 하고 어느 교회에서 잠시 사역을 하다가, 10여 명의 가족을 중
심으로 시작한 교회다. 기존에 타 교단 목회자가 사용하던 지하(약 25평)
를 보증금 1천만 원, 월세 50만 원에 얻었다.

부흥은 했으나

개척 2년 6개월 동안 교회는 하나님의 은혜로 조금씩 부흥했다. 특히 어

린이와 청년의 수가 많아졌는데 그에 비례해 공간의 한계가 점점 드러났다. 이전 교회가 사용하던 공간을 그대로 물려받은 것이기에, 시작은 편하고 좋았으나 의자와 강대상을 비롯해 모든 기물에서 삐꺽삐꺽 소리가 났다. 10여 년 전에 한 내부 인테리어는 이미 색이 바랬고, 뒤편의 식당은 예배실과 구분되어 있지 않아 음식 냄새 때문에 예배에 집중하기 어려웠으며, 겨울에도 찬물로 설거지를 해야 했다. 찬바람은 또 어찌나 들어오는지…. 목회자 사무실도 예배실과 분리돼 있지 않아 예배당의 추위를 그대로 감내해야 했다. 정말 아쉬운 것은 성도와의 깊은 교제다. 공간이 막혀 있지 않으니 집중하는 시간을 마련하기 쉽지 않았다.

삼수했어요

이걸 어떻게 극복하나 고민하던 때, 한 지인의 소개로 만백성건축선교단을 알게 되었다. 기도하면서 신청서를 냈다. 그러나 단순히 리모델링 공사에 선택받기 위하여 노력하는 모습이 인간적인 것 같아 매번 마음을 내려놓았다. '되면 감사하고 안 되도 실망하지 말자.'

두 번이나 떨어졌다. 한 번도 아니고 두 번이나 떨어지니 적잖이 실망도 되었다. '내게 주시는 은혜가 아닌가 보다' 생각하며 마음을 접고 있는데, 주변에서 더 난리였다. 한 번 더 해보라고, 너무 좋다고, 만백성건축선교단이 다녀간 뒤 부흥의 계기가 마련됐다고 하면서.

용기를 내 세 번째 신청서를 제출했다. 그런데 이번에는 어찌된 일인

지 열망이 생겼다. '꼭 됐으면 좋겠다.'

"하나님, 제가 부족하지만 영혼 구원에 집중한 것 아시지요? 망가진 간판 전구 하나 가는 것도 포기하고 학생들과 청년들을 섬겨온 것 아시지요? 건물이 아니라 사람에게 투자했던 것 아시지요? 이제 그 영혼들을 더 잘 섬기기 위해, 더 큰 부흥을 위해 만백성이 꼭 필요합니다. 이번에는 정말 되게 해주세요!"

그 간절함이 통했는가? 다음 사역지로 결정되었다.

할 수 있는 것은 다한 듯

삼수생을 격려하시는 하나님의 마음이 담긴 것일까? 2016년 10월 10일부터 시작된 한 주간의 공사는 그야말로 25평 지하 성전을 '완전히' 바꾸어 놓았다. 예배실 전체 리모델링 공사, 설교단 공사, 예배실과 친교실과 목회실과 주방의 분리 공사, 예배실 페인트칠과 바닥 데코타일 공사, 전체 전기공사, 교회 입구 유리문 설치, 간판공사까지 할 수 있는 것은 다한 듯하다.

만백성 사역자들이 그간의 저희 사정을 훤히 들여다보면서 공사를 하는 듯했다며 마음에 소원하고 기도한 대로 구석구석 하나하나씩 이루어져 갔다고 이 목사는 전한다.

"전구를 교체하지 못해 불이 들어오지 않았던 외부 간판이 이제 밤에도 살아나게 됐고, 교회 입구에 예배시간 안내간판이 생겼습니다. 지하 계단 미끄럼 방지턱이며, 따뜻한 물로 설거지를 하게 해준 순간온수기, 부탄가스로 음식하던 것을 멈추게 한 전기 인덕션, 학생들이 교제하고 공부할 수 있는 소그룹실 두 곳, 학생들이 피아노를 치며 노래 연습을 할 때 도무지 책에 집중할 수 없었던 문제를 해결해준 칸막이, 하나님의 사랑처럼 느껴지는 밝은 조명들, 특별히 각종 기도회 때 더 깊이 있는 기도할 수 있게 해준 LED 십자가와 간접 조명, 약간 높여 시선 장악력을 높여준 강대상 등, 오히려 우리가 모르는 곳까지 하나님께서 만백성 사역자들을 통해 일하고 계심을 느낄 수 있었습니다."

이런 감동을 느끼게 해준 사역자들이니, 담임목사 입장에서 뭐라도 대접을 해야 할 것 같은데, 식사는 다 준비를 해오시니 어쩔 수 없고, 땀을 많이 흘리시니 더위라도 식히라고 아이스크림을 사다놓았다. 좀 드시면서 쉬었다 하시라고. 그런데 나중에 가보니 다 녹았더란다. 간식 먹을 시간조차 아까워하며 사역에 몰두했다는 것이니, 그걸 갖다놓은 이승재 목사의 마음은 더욱 죄송하고 감사하고….

공사는 소음과 먼지를 동반한다. 주택가의 경우 더 민감한 문제다. 그런데 평소 신불신을 막론하고 인근 주민들과 좋은 관계를 유지하던 우리임마누엘교회가 공사를 하니, 저들이 참아주었다. 교회 건물주는 직접 나서서 성구 적재 공간을 마련해주었고, 특별헌금까지 해주었다. 삼수생의 간절한 열망에 응답하신 하나님이 일하시니, 하나부터 열까지 순적했다.

교회 건물이나 인테리어보다 사람에게 그리고 영혼 구원에 우선순위를 두고 달려온 교회에게 하나님은 인테리어를 선물하셨다. 교회 부흥을 위해 없어서는 안 될 이 두 요소, 우리는 무엇을 먼저 선택해야 하는가? 우리임마누엘교회는 진지하게 묻고 있다.

하나님의 섭리 안에서

_이승재 목사(우리임마누엘교회)

　　지하의 좁은 공간이었지만 개척 멤버들에게는 너무나도 소중한 예배의 장소가, 시간이 지나면서 아쉬운 마음이 들었습니다. 인테리어 때문입니다. 복음의 열정으로 함께 기도하고 예배하며 성도가 늘어갔지만 교회 인테리어는 우리 스스로 해결하기에 비용이 너무 컸습니다.

　　이러한 우리의 마음을 알고 계셨던 하나님께서 하나님의 교회를 세워나가는 증가교회의 만백성선교단을 기적과 같이 만나게 하셨고, 모든 인테리어는 완벽하게 해결되었습니다. 말로 표현할 수 없는 기적이고, 하나님의 은혜입니다.

　　통풍이 잘 되지 않는 좁은 지하공간에서, 아무 대가 없이 쉬지 않고 땀 흘리며 수고하시던 모습이 지금도 눈에 선합니다. 점심식사를 준비하여 공사 현장에 달려오신 분, 골목 길 바닥에 앉아서 식사하던 분, 모두가 잊지 못할 분들입니다.

　　공사가 진행되는 가운데 고마운 마음이 크다 보니 죄송한 마음이 들었고, 죄송한 마음이 크다 보니 모든 공사를 멈추고 없던 일로 했으면 하는 마음이 들기도 했습니다. 하지만 이렇게 수고하시는 분들의 사역도 하나님의 섭리 가운데 진행되고 있음을 생각하고 일주일 내내 고마운 마음으로 기도하는 방법밖에는 없었습니다.

지금도 만백성선교단의 선교사역을 위해 늘 중보하고 있습니다. 그 당시에 수고하신 분들, 그리고 얼굴을 뵙지 못했지만 함께 단원으로 동참하셨던 분들, 그리고 백운주 담임목사님. 찾아뵙고 인사드리지 못 하고 있지만 늘 감사한 마음 간직하고 있습니다. 기회가 된다면 사역에 동참할 방법을 찾아서 힘이 되고 싶습니다. 지금도 성도들은 예배당에서 이루어진 일들을 회상하며 감사해합니다.

"저희 교회는 인테리어 공사 이후로 분위기도 좋아졌고 예배도 은혜 충만합니다. 수고해주셨던 만백성 선교단원 모든 분들, 잘들 계시겠지요? 감사합니다."

하나님께서는 사람들에게 다양한 재주와 재능, 달란트를 주시고 함께 동역하며 당신의 뜻을 이루어가고 계심을 믿습니다. 만백성선교단의 성실한 사역과, 그로 인하여 세워진 교회 공동체의 사역을 통하여 하나님의 뜻이 이루어지기를 기도합니다.

#26

저는 아이들이
좋습니다

청라우리교회(30차 사역지)

상가 비좁은 장소를 얻어서 목회하는 개척교회 목사들은 출석교인 한 사람에 회비가 엇갈립니다. 교회를 시작하고 몇 해가 지나도 가정교회 형태를 벗어나지 못 하니 그 좌절과 실망은 여간 큰 것이 아닙니다. 무한경쟁 사회가 당연히 요구하는 여러 자원과 재능이 없습니다. 명석한 두뇌를 가진 것도, 공부를 많이 한 것도, 그렇다고 탁월한 영적 은사를 소유한 것도 아닙니다. 그들은 그저 평범한 사람들일뿐입니다.

그러나 생존, 그 한 가지 목적을 위해 얼마나 애를 쓰는지 모릅니다. 교회를 위해서 각종 세미나와 프로그램에 참여합니다. 교회성장 세미나, 제자훈련, 찬양과 경배학교, 중보기도 세미나, 치유 세미나, 강해설교 세미나…. 그러나 아무리 많은 세미나에 참석한다 해도 그들이 느끼는 허탈감과 좌절감은 쉽게 치유받지 못합니다.

한 인간으로서, 그들에게도 그들을 기다리고 사랑하고 존경하는 아내와 자녀들이 있습니다. 그러나 가족들에게 꿈과 희망을 줄 수 있는 여건이나 기회가 좀처럼 찾아오지 않습니다. 부단히 노력하고 기도하지만, 남편으로서 아빠로서 그들은 하루에도 수없는 좌절과 실망을 삼켜야 합니다. 알아주는 사람도 별로 없습니다. 같은 목회자들이 모인 자리에서도 늘 뒷자리로 밀려납니다. 아니 스스로 그런 자리에 앉습니다. 그들에겐 처진 어깨와 수그러진 고개, 닳아빠진 구두, 낡은 봉고차가 전부입니다. 더욱 슬픈 것은 일부 동료 목회자의 눈입니다. "당신의 초라함은, 당신의 불행은 당신이 가진 능력의 열매일 뿐이야!"라고 말하는 듯한 저들의 시선은 참기 어려운 고통입니다.

_류호준, 「기독신문」, 2001년 7월 4일자.

평촌 무지개교회를 섬기면서 백석대 신학대학원에서 구약을 가르치는 류호준 목사의 글이다. 개척교회 목사의 애환을 그야말로 '절절하게' 기술하고 있다.

스스로 낮아져 자신만의 공간에 갇혀버리는 개척 목회자, 우리가 마지막으로 살펴볼 청라우리교회 또한 이 범주를 벗어나지 못 하는 교회였다. 개척 실패, 좌절, 심각한 영적 위기 속에서 모든 것을 포기하고 싶은 마음뿐이었다니 말이다. 그러나 이 교회가 일어섰다. 새로운 꿈을 꾸게 되었다. 바로 만백성건축선교단과의 만남을 통해서 말이다.

개척과 다음세대의 부흥, 그러나

청라우리교회(구 행복한우리교회)는 2005년 12월 인천시 부평구 삼산동에서 장정진 목사 가족을 중심으로 개척되었다. 장 목사는 처음부터 다음세대를 키우는 것을 목회 비전으로 삼았다. 부교역자로 14년 동안 사역하면서 교회학교와 청년부의 부흥을 경험했기에, 먼저 이들에게 집중키로 한 것이다.

방향과 대상이 뚜렷해서일까? 교회학교가 부흥했다. 50-60명의 어린이들로 교회가 늘 왁자지껄했다. 인원수만 많아진 것이 아니다. 비록 나이는 어렸지만, 저들은 예수를 영접하고 성령을 체험했으며 방언의 은사까지 충만했다. 개척교회의 열악한 환경이었지만, 저들은 은혜 가운데 성장했다.

그런데 거기까지였다. 상가교회의 현실은 매서웠다. 월세를 제때 못 내니 보증금이 조금씩 사라졌고, 개척 8년차에 이르니 아무것도 남지 않게 되었다. 당장 건물을 비워줘야 하는데 갈 곳은 없고, 단 하나의 방법이 일단 사택으로 교회를 옮기는 것인데 이 아이들 전부를 집으로 데리고 갈 수도 없으니 참 난감했다. 하는 수 없이 아이들 대부분을 주변 교회에 위탁하고, 가정교회로 전환했다.

상가를 비워주고 가정으로 들어온 장 목사의 마음은 어땠을까?

"지금 생각해보면 그때 왜 못 버텼나, 그 양들을 왜 끝까지 지키지 못했나 후회스럽습니다. 이런 죄책감이 이후 오랫동안 저를 괴롭혔습니다."

목회 실패자라는 절망감이 그를 기도원으로 달려가게 했다. 금식하며 엎드려 울부짖었다. 지난 25년 동안 한눈팔지 않고 오직 영혼 구원에 매진했는데 그 결과가 이것이냐고, 나는 이것밖에 안 되는 존재냐고, 도대체 나를 부르신 이유가 무엇이냐고…. 그저 모든 것을 내려놓고 싶었다.

"꽤 추운 겨울이었습니다. 날씨도 춥고 마음은 더 추웠습니다. 그렇게 몸부림치던 어느 날, 하나님이 저를 위로하시더군요. 너는 실패한 것이 아니라 잠시 지연되고 있는 것이라고, 나 여호와는 실패라는 말을 싫어한다고, 그리고 너의 지난 사역을 모두 보았고 알고 있다고 말씀하시더군요."

주가 높임을 받으리라

'그래, 다시 꿈을 키우자. 처음부터 다시 시작하자!' 그렇게 마음을 다잡고 기도원에서 내려와 사역에 집중했다. 가정에서 드리는 예배지만, 다시 한 영혼 한 영혼을 붙잡고 양육과 훈련에 노력을 기울였다. 그러나 생각만큼 앞으로 나아가질 못했다. 이런 답보 상태가 1년, 2년, 3년이나 계속되자 장 목사는 또다시 영적 침체의 늪에 빠지게 되었다.

그의 영혼이 그렇게 점점 아래로 떨어질 무렵, 하나님은 그를 찬양의 장으로 이끌어내셨다. 같은 지방회 목회자중창단으로부터 함께 활동하자는 제의가 들어온 것이다. 순간 이게 무슨 뜻일까 고민했지만, 평소 찬양을 좋아하던 그였기에 그 본능에 이끌려 오케이를 했다.

그런데 이 중창단 활동이 하나님의 통로였다. 그를 밝은 곳으로 인도

하는 통로요, 혼자만의 공간에 갇혀 힘들어하는 그를 회복시키는 통로요, 이제 새로운 사역의 발판을 마련하는 통로였다. 〈주여 나를 평화의 도구로 써주소서〉 등의 영감 있는 찬양으로 그의 영이 살아났을 뿐 아니라, 지방회 내 '돕는 배필'들을 통해 상가 보증금 전액을 지원받게 되었으니 말이다.

하나님의 인도하심을 확신한 그는, 2017년 초 상가 1층을 계약했다. 국제 신도시인 청라지구에 말이다. 보증금 2천만 원에 월세 150만 원, 결코 만만한 금액은 아니었지만, 사택을 꾸미며 그 안으로 들어가면 얼추 버틸 수 있을 것 같았다. 그렇게 믿음으로 덜컥 계약부터 했지만, 그곳이 비어 있던 곳(空室)이었기에 예배당 인테리어나 거주 공간 마련이라는 것이 녹록한 것이 아님을 깨달았을 때, 또다시 무슨 절벽 앞에 서 있는 듯했다. 지방회 지원금은 점점 바닥이 나가고…

그러던 어느 날 장 목사의 귀에 시편 46편 10절 말씀이 하나님의 음성으로 들려왔다. "너희는 가만히 있어 내가 하나님 됨을 알지어다. 내가 뭇 나라 중에서 높임을 받으리라." '이 지역과 장소를 네가 정했을지 모르지만, 이곳에서 내가 높임을 받을 것이다'라고 말씀하시는 하나님, 그분에 대한 확신이 생기면서 그의 가슴은 다시 용광로처럼 뜨거워졌다. 하나님으로부터 가나안 땅을 약속받은 모세의 마음이 이러하지 않을까?

그 더운 가슴으로 기도의 불을 지피는 가운데 어느 지인의 소개로 만백성건축선교단 얘기를 들었고, 듣는 순간 '아, 하나님께서 일하시겠구나' 하는 믿음이 생겼다. 그 믿음대로 결국 만백성 제30차 사역지로 선정되었고, 이후 그 어느 교회보다 빠른 템포로 일이 진행되었다. 거듭 말하거니와, 하나님이 하시면 쉽고 빠르고 정확하다!

무에서 유를 창조하다

2017년 2월 27일부터 한 주간의 사역이 진행되었다. 아무것도 설치된 것이 없는 공실이기에 여느 교회보다 비용도 일꾼도 많이 필요했다. 이 때문에 증가교회 내부적으로는 다른 교회와의 형평성을 맞추느라 약간의 진통까지 있을 정도였단다.

무에서 유를 창조하는 마음으로 팔을 걷어붙인 만백성 사역자들은, 예배실 전면의 설교단과 십자가 공사를 시작으로 공간 분할공사(예배실, 친교실, 목회실, 주방), 전체 인테리어공사, 하이새시공사, 방송장비 설치공사, 전기장판 설치공사, 주방 싱크대와 온수기 설치공사, 배관 설비공사, 페인팅과 바닥 데코타일공사, 도배공사, 전기공사, 교회입구 간판/선팅공사에 이르기까지 숨 쉴 틈 없이 작업을 진행시켰다. 해야 할 일이 많아 걱정이었지만, 그 걱정하는 마음이 사람들을 감동시켜 평소보다 더 많은 사역자가 참여하였고, 예정보다 일찍 공사가 끝나는 진기록이 세워지기도 했다.

공사를 마치고 감사예배를 드리면서, 장정진 목사는 이렇게 인사했다.

"중가교회와 만백성건축선교단은 저희에게 아름다운 성전을 주셨습니다. 아무것도 없던 이 텅 빈 공간에 하나님의 사랑을 가득 채워주셨습니다. 그러나 저희가 받은 더 큰 복이 있습니다. 그것은 하나님께서 저희 사역을 이끌어가신다는 믿음의 눈을 확실하게 뜨게 해주신 것입니다. 이 단순하고 확실하고 또렷한 사실을 이제야 알게 해주신 하나님께 감사드립니다."

우리에겐 꿈이 있습니다

첫 번째 개척, 그것은 자신의 경험과 의욕과 자신감에서 출발한 것이기에 하나님이 막아서신 것이라 한다면, 두 번째 개척, 그것은 하나님께서 시작하시고 진행하시는 하나님의 목회에 대한 분명한 믿음으로 출발한다는 것 아니겠는가?

새로운 곳에서 새로운 목회를 시작하면서도 장 목사의 목회 포인트는 변함이 없다. 역시 다음세대다. 미래 세대를 키워나가는 교회로 성장하는 꿈 말이다. 교회의 좋은 입지가 이를 가능케 할 것으로 그는 기대한다.

"전 아이들이 좋습니다. 그들이 주님의 복음을 듣고 얼굴이 환하게 변하고 성령을 체험하면서 '나는 예수님을 만났어요!' 라고 외치는 소리를 빨리 듣고 싶습니다."

감동이 흐르게 하라

 처음 만백성 이야기를 책으로 써달라
는 부탁을 받았을 때 개척 준비 중이었고, 그 서른 개 교회를 하나하나 탐
방하고 있을 때 개척했다. 그리고 개척 초기 교회를 세워가는 중에 글을
썼다. 홀아비 마음 과부가 안다고 했다. 필자 자신이 작은 교회 목회자이
기에, 이 글은 어딘가 모르게 동병상련의 마인드가 흐르고 있을 것 같다.

글을 마치면서 지금 내게 떠오르는 단어가 세 개 있다. 우연, 계기, 플
로잉(flowing)이 그것이다.

우연? 교회를 사랑하시는 하나님의 필연!

사사들이 다스리던 시절, 이스라엘은 혼란하고 복잡했다. 모두가 제 소견
에 옳은 대로, 아니 좀더 직설적으로 제멋대로 살았기 때문이다. 하나님
은 이스라엘을 폐하시고 이방인 가운데 그 빛을 비추어 다윗 왕의 선조로

삼으셨다. 누구인가? 바로 룻이다.

　그가 다윗 왕 그리고 예수 그리스도의 선조가 되기 위해서는 보아스를 만나야 한다. 모든 것을 다 잃은 나오미를 따라 유대 땅 베들레헴에 온 그가, 먹고 살기 위해 이삭이라도 주우려고 찾아간 곳이 보아스의 밭이다. 이 대목을 성경은 이렇게 표현한다.

　룻이 가서 베는 자를 따라 밭에서 이삭을 줍는데 '우연히' 엘리멜렉의 친족 보아스에게 속한 밭에 이르렀더라 _룻기 2:3

　시어머니 나오미가 보아스의 밭으로 가라고 알려준 것도 아니다. 그저 배고픔을 면하고 시어머니를 공양해야겠다는 생각으로 집을 나섰고, 수확철 일꾼들을 따라 우연히 간 곳이 보아스의 밭이라는 설명이다. 그런데 이게 정말 우연일까? 아니다. 일견 그것이 우연으로 보일지 모르나, 그 속에는 룻을 보아스에게 가까이 접근시키려는 하나님의 필연이 담겨 있다. 저를 통해 이스라엘 나라를 세우고 인류를 구원할 자를 탄생케 하시려는 하나님의 거룩한 계획 말이다.

　만백성건축선교단이 섬긴 서른 개의 작은 교회들, 그들이 만백성과 연을 맺게 된 사연은 다양하다. 만백성건축선교단이 물어 물어서, 친구의 소개로, 지방회의 추천으로, 언론 기사를 보고, 이전 교회 목회자의 안내로, 증가교회 출신 목회자여서, 증가교회 부목사 출신이어서 등등. 현실의 찬바람 속에 그저 기도밖에 할 것이 없었던 저들이 어느 날 '우연히' 듣게 되고, 알게 되고, 추천과 소개를 받아 만백성과 연결된 것처럼 보이지만, 그 사정을 자세히 들여다보면 하나님은 어찌 그리 정확하게 인도하셨는지 모른다. 꼭 필요한 곳에, 꼭 필요한 때에. 이건 우연이 아니다. 교회를 사랑하시는 하나님의 필연이다.

계기, 누군가를 살아나게 하는

만백성건축선교단은 어려운 교회를 실질적으로 돕고자 창단된 평신도 기구다. 특별히 예배당과 사택을 보수하는 것에 집중해왔다. 1주일 혹은 2주일, 그들은 무엇인가를 고치고 다듬은 뒤 떠난다. 눈에 보이는 것은 그게 끝이다.

그러나 만백성의 진정한 가치는 이제부터 시작된다. 우선 목회자가 살아난다. 다시 한번 목회에 전념할 용기를 얻는다. 그리고 성도들이 감동받는다. 하나님이 우리 교회를 사랑하신다고, 아무도 거들떠보지 않는 교회인 줄 알았는데 하나님이 천사를 보내신 것이라고 확신한다. 무엇보다 자신의 생업을 내려놓고 남의 교회에 와서 쉬지 않고 정성을 다해 일하는 만백성 사역자들의 헌신을 보면서, 성도들은 자신을 돌아보게 된다. 자연히 헌신도가 높아진다. 봉사가 무엇인지를 배운 것이다. 그렇게 목회자와 성도들이 달라지니 교회가 생동한다. 꿈틀거린다.

이전에는 교회 건물에 대한 자신감이 없어 전도도 쉽지 않았다. 어찌어찌 전도를 해와도 열악한 환경은 그들을 쉬 떠나가게 했다. 그러나 이제는 마음껏 전도한다. 우리 교회 한번 와보라고, 예쁘고 편안한 공간에서 차 한잔 하고 가시라고! 새신자뿐 아니다. 성도들도 교회 오기를 즐거워한다. 이전에는 예배 끝나면 가기 바빴으나, 이제는 교회에 머무는 것을 즐긴다. 한 마디로 부흥의 계기가 마련된 것이다.

"당신들은 비새고 낡은 곳을 보수하였으나 우리는 큰 위로와 소망을 갖게 되었고, 결국 영성 회복 운동이 일어났습니다!"

누군가를 살아나게 하는 계기, 그것은 그냥 오지 않는다. 아무 이유 조건 없는 헌신에서 출발한다. 만백성은 바로 그 발판을 마련해주었다.

플로잉, 사랑이 넘쳐 흐르다

플로잉(flowing)은 넘쳐흐르는 것을 표현하는 말이다. 그런 뜻에서 만백성건축선교단의 사역은 플로잉이다. 단원들 안에서 넘쳐흐르는 사랑, 특별히 작은 교회를 향한 애틋한 마음이 넘치고 흘러 긍휼 사역을 낳았다.

그럼 이 사랑의 물결이 그 사역지에서 멈추는가? 아니다. 또 흐른다. 그 주변으로, 이웃에게로. 아직은 넉넉지 않아 큰 것은 못해도 작은 것부터 실천한다. 힘찬교회 '사랑의 밥차'가 대표적이다.

또 다른 곳으로 흐르게 하라! 이는 증가교회 백운주 목사의 사역철학이다. 그는 마감감사예배 때마다 누누이 강조한다. 만백성으로부터 받은 사랑이 감사하거든 갚아야 한다고, 단 그 대상은 증가교회가 아니라 또 다른 교회요 이웃이라고 말이다.

한국교회가 위기라고 말한다. 그 미래가 어둡다는 데 다들 고개를 끄덕인다. 그런데 한국교회를 걱정하며 부정적인 생각을 가지고 있던 한 목회자가 만백성의 사역을 지켜보며 감동에 휩싸여 그 생각을 바꾸었다. 이러한 감동을 한국 방방곡곡에 흐르게 할 교회가 넘쳐나기를 소망한다.

우리가 선을 행하되 낙심하지 말지니

포기하지 아니하면 때가 이르매 거두리라

그러므로 우리는 기회 있는 대로 모든 이에게 착한 일을 하되

더욱 믿음의 가정들에게 할지니라

_갈라디아서 6:9-10

부록

만백성 조직과 역대 사역자

2004년 창단 이후 지금까지 만백성 사역에 헌신한 모든 이들을 기억합니다. 14년 동안 변함없이 참여한 단원에서부터 1일 봉사자에 이르기까지, 우리는 모두 한마음으로 뛰었습니다.

조직

- **단장**: 김영래
- **실무팀장**: 신동민
- **실무팀**: 강호연, 구정균, 김성현, 김순심, 김일규, 김재철, 김창섭, 김철현, 박경옥 박병기, 송천운, 심규배, 원명식, 유은숙, 이건수, 이대섭, 이영란, 이용철, 임정식, 임종현, 조의선, 차영찬, 채규창, 채재호, 최병급, 최윤환, 허태한1, 황강호

역대 사역자 (가나다순)

강호연 고순덕 구정균 김경태 김남도 김선겸 김성현 김숙영 김순심 김에벤 김영래 김영현 김 윤 김은정 김이원 김일규 김일휘 김재석 김재철 김정시 김종임 김주갑 김창섭 김천일 김철현 김형진 김희자 노경섭 박경옥 박귀남 박노아 박병기 박성광 박성진 박재근 박종구 박진권 박창은 배경남 백금선 백명순 백애자 백운주 범봉학 서봉림 서지원 송천운 신동민 신춘옥 심규배 안성찬 안영상 엄진경 오인규 오환인 우금자 원명식 유병옥 유은숙 유흥동 윤정순 윤화자 은순인 은옥희 이건수 이광훈 이남숙 이대섭 이상민 이순호 이영란 이영옥 이용철 이은섭 이정규 이하영 이혜영 임 순 임정식 임종현 장기만 장성완 장한별 정덕자 정미숙 정미순 정옥자 조경출 조명자 조의선 조일현 주원섭 지명섭 차병열 차영찬 채규창 채성관 채재호 최병헌 최윤환 하평수 허태한 홍창표 황강호 그 외 증가교회 청년들

- **타 교회**: 권오근 김기원 김한석 백종무 신동진 오현섭 윤용식 이영미 이영수 임복록 정금조 임태석

만백성 사역 일지

차수	교회	소속 지방회	당시 교역자	사역 기간	위치
1차	지촌교회 (현 지정교회)	강원서지방	노희중 목사	2004.5.17-22.	원주시 지정면
2차	파평교회 (현 파평사랑교회)	서울서지방	정명진 목사	2004.8.16-9.21.	파주시 파평면
3차	누동교회	충서지방	장석정 목사	2004.10.26-11.24.	태안군 누동리
4차	사랑의교회 (현 온누리교회)	인천동지방	이군성 목사	2004.11.17-19.	계양구 까치말로
5차	행복한교회	서울중앙지방	양남환 목사	2005.3.28-4.11.	남양주시 호평로
6차	탄현증가교회 (현 푸른교회)	서울서지방	김병석 목사	2005.6.13-7.7.	일산서구 산현로
7차	일산한우리교회	서울서지방	한달희 목사	2005.10.10-27.	일산서구 송포로
8차	원당서광교회	서울서지방	허대행 목사	2005.11.7-12.	고양시 원당동
9차	양무리교회 (현 하늘사랑교회)	서울서지방	홍춘근 목사	2005.12.10.	파주시 문산읍
10차	고양교회	서울서지방	육용운 목사	2006.6.18-23.	덕양구 혜음로
11차	창천교회	서울서지방	이시구 목사	2006.9.4-16.	서울시 창천동
12차	행신중앙교회	서울서지방	안종기 목사	2006.10.9-18.	덕양구 충장로
13차	동산교회	서울북지방	오현섭 목사	2007.8.6-18.	포천시 찬우물길
14차	장암예향교회	서울북지방	정승일 목사	2007.12.10-22.	의정부시 장암동

15차	로뎀나무교회	서울북지방	손신기 목사	2008.3.24-4.18.	성북구 정릉로
16차	방축도소망교회	군산지방	엄재룡 목사	2008.8.4-16.	군산시 옥도면
17차	예수비전교회	서울북지방	이병윤 목사	2009.10.12-17.	남양주시 진접읍
18차	고양 예향교회	서울서지방	이승안 목사	2011.11.1-6.	
19차	문정교회	서울서지방	임찬희 목사	2012.5.22-27.	파주시 문산읍
20차	새창조교회	서울중앙지방	윤유섭 목사	2012.11.19-24.	동대문구 이문로
21차	부평시민교회	인천동지방	이석윤 목사	2013.	부평구 동수북로
22차	힘찬교회	서울중앙지방	임태석 목사	2013.5.27-6.1.	남양주시 화도읍
23차	성령교회	서울중앙지방	염창준 목사	2013.11.25-30.	남양주시 오남읍
24차	양촌비전교회	서울중앙지방	장영석 목사	2014.5.12-17.	김포시 양촌면
25차	덕촌교회	충남지방	박광표 목사	2014.12.1-6.	청양군 정산면
26차	소서교회	경북서지방	박명숙 목사	2015.7.20-25.	옥천군 청성면
27차	행복한교회	전북중앙지방	김경태 목사	2015.11.9-14.	전주시 완산구
28차	대화제일교회	서울서지방	이진숙 목사	2016.5.2-7.	일산서구 호수로
29차	우리임마누엘교회	서울중앙지방	이승재 목사	2016.10.10-15.	광진구 영화사로
30차	청라우리교회	인천동지방	장정진 목사	2017.2.27-3.4	인천시 서구 연희동

만백성 후원자들(2012-2017년)

강　호 강난순 강미화 강범열 강분조 강윤영 강은미 강호연 계덕하 고기창 고길웅 고보명
고순자 고아라 고윤경 고정임 고창기 고태성 고현정 고혜정 고흥원 공정금 곽영길 구정균
구정희 권양균 김강덕 김경숙1 김경자3 김경태 김경화1 김광복 김귀예 김금옥 김기수 김동일
김동춘 김만기 김만숙 김명녀 김명순 김명자 김문주 김봉화 김선겸 김선미 김선화1 김선화2
김성수 김성자 김성찬 김수복 김숙정 김순실 김순심 김순애 김순자2 김순희2 김안순 김에벤
김연숙 김연이 김영래 김영미 김영미2 김영순 김옥례1 김용한1 김용현2 김원일 김　윤
김은경3 김은숙 김은정1 김의선 김이원 김인순 김일규 김일휘 김자순 김재남 김재호 김재훈
김점일 김정선 김정숙2 김정열 김종각 김종구2 김종선 김주갑 김주훈 김지원 김진영 김창섭
김천일 김철현 김춘옥 김춘자 김치영 김필례 김현정 김현철 김혜순 김흥란 김효숙 김훈기
김희자 나미진 남기숙 남진예 노경섭 노대정 노수량 노순옥 노태용 노희숙 노희태 도경영
모영준 모충자 문경식 문병헌 문철수 민영순 박경남 박경수 박경옥 박귀남 박기자 박노아
박노진 박명순 박문선 박미자 박병곤 박병기 박병욱 박복렬 박봉희 박상숙 박숙희 박연옥
박연옥1 박옥순2 박은숙 박인자 박인자1 박재성 박재연 박정숙 박종숙 박종영 박찬익 박채우
박추자 박춘자 박태선 방은숙 배경남 백금선 백명순 백애자 백운주 서영옥 서정림 서지원
선영희 선유이 성일용 손순분 손혜정 송명자 송복임 송부선 송영숙 송천운 신금자 신기연
신동민 신성희 신소자 신숙자 신순주 신영욱 신예림 신원문 신행식 신현구 신현자 심묘순
심우석 안길주 안성찬 안영상 안영희 안향임 양문호 양지윤 엄진경 염은미 염종순 염천의
오명순 오상택 오섭순 오순옥 오인규 오정순 오정준 오현자 오환인 옥남경 우계자 원명식
원준희 위금옥 유경란 유도현 유매자 유병옥 유연희 유영숙 유영순 유영희 유옥혜 유은숙
유태신 육종삼 윤명순 윤미란 윤화자 은순인 은옥희 이건수 이경희2 이경희3 이광훈 이교철
이귀옥 이기순 이남례 이대섭 이덕순 이동순 이명자3 이민한 이민화 이병남 이보배 이상근
이상문 이상숙 이석원 이선자 이성심 이수헌 이수죄1 이숙임 이순형 이순호 이연심 이영기
이영란1 이영옥 이영임1 이영임2 이영주 이옥순 이용철 이은섭 이점수 이정림 이정옥 이정자
이종식1 이준형 이지현 이진경1 이진숙 이평호 이평호1 이하영 이해두 이향미 이현철 이혜영
이혜전 이화연 임경희 임기숙 임순례 임은경 임재길 임정식 임종현 임진선 임진순 임채호
장기만 장성완 장춘임 장현우 전미영 전영선 정규영 정금엽 정덕자 정미영 정병춘 정성숙

정송식 정순심 정순애1 정순임2 정연순 정영순 정옥순 정옥자 조금국 조남정 조복희 조숙자
조숙진 조연순 조연심 조용숙 조은비 조의선 조정숙 주의조 지명섭 지해경 진소영 진영자
차영찬 채규창 채성관 채재호 천계순 최광식 최만식 최명자 최민아 최병자 최봉연 최삼순
최순덕 최영숙2 최영준 최영혜 최옥순1 최우순 최유진 최윤선 최재현 최정례 최정솔 최정옥
최현철 한귀자 한명수 한영자 허길순 허성숙 허태한 홍성이 홍성철 홍애경 홍정숙 홍창표
황문규 황인순1 황정숙 황진숙 황하태 4권사회 20여전도회 문정교회 새창조교회 무명
(총 381명, 가나다순)